经典云南

张佐 ◎ 编著

云南出版集团公司
云南教育出版社

徐霞客在云南

图书在版编目(CIP)数据

徐霞客在云南 / 张佐编著. -- 昆明:云南教育出版社,2012.6
(经典云南丛书)
ISBN 978-7-5415-6503-8

Ⅰ.①徐… Ⅱ.①张… Ⅲ.①徐霞客(1586~1641)-生平事迹②游记-云南省 Ⅳ.①K825.89②K928.974

中国版本图书馆CIP数据核字(2012)第095970号

书　　名	徐霞客在云南
作　　者	张　佐
策 划 人	李安泰　杨云宝
组 稿 人	吴学云
出 版 人	李安泰
责任编辑	雷发林
装帧设计	向　炜
责任印制	赵宏斌　张　旸

云南出版集团公司
云南教育出版社 出版发行

昆明市环城西路609号 www.yneph.com

全国新华书店经销
云南新华印刷实业总公司一厂印刷
2012年6月第1版　2012年6月第1次印刷
787毫米×1092毫米　1/32开本　3印张　81千字

ISBN 978-7-5415-6503-8
定价 4.80元

总　序

云南，从渺远神秘而又带着蛮荒色彩的"彩云之南"走到今天，一步一个脚印跋涉在中华大地上。

云南山水，多娇诱人。

闻名遐迩的喀斯特地质奇观石林，奇妙无比。

迷人的高原深水湖泊抚仙湖，凝波如玉。

秘境香格里拉的高山草甸，杜鹃如火；巍峨雪山，苍茫古远。

低纬度的明永冰川，从古流到今；高黎贡山的各色鲜花，从冬开到夏。

大理的风花雪月，丽江的小桥流水，版纳的原始森林，腾冲的地热奇景，泸西的阿庐古洞，怒江的东方大峡谷，令人陶醉。

七彩云南，蕴涵的又何止是奇山美水？！

这里，有寒武纪早期生物大爆炸的典型：澄江动物化石群。这里，诞生了中国最古老的人类：元谋人。这里，曾崛起过古滇国、哀牢国、南诏国、大理国。这里，有蜀身毒道、秦五尺道、茶马古道、滇缅公路、驼峰航线。这里，有世界上唯一活着的象形文字"东巴文"。这里，出现了中国第一个海关、第一座水电站、第一条民营铁路。

这里，有与黄埔军校齐名的云南陆军讲武堂。

这里，爆发过反对清王朝统治的重九起义。

这里，在袁世凯复辟帝制时，率先通电全国，举起了护国运动的大旗。这里，举办过名垂青史的西南联大，并爆发了震惊全国的"一二·一"运动。这里，曾经涌现了杨振鸿、张文光、蔡锷、李根源、唐继尧、庚恩旸、刀安仁、杨杰等一个个热血汉子；这里，也曾经孕育出书法家钱南园、医药家兰茂、数学家熊庆来、军事家罗炳辉、哲学家艾思奇、音乐家聂耳、诗人柯仲平、舞蹈家杨丽萍、诗书画三绝的担当大师等文化奇才。

朱德、叶剑英，在这里留下了坚实的足迹；徐霞客、杨慎，在这里留下了自己的千古绝唱。

这里还有神奇的云南白药、剔透如玉的云子、独树一帜的普洱茶。

这里的僰人悬棺、纳西古乐、摩梭走婚、白族三道茶、彝族跳菜等滇人风貌和民族风情，更是诉说不尽。

"经典云南丛书"像一根线，把散落于三迤大地的粒粒圆润闪亮的珍珠串连起来，呈现于您的眼前，让您清晰地看到云南山水奇观、人文历史和民族风俗的经典篇章，让您在愉快的阅读体验中增加知识、增长见闻、解密未知。

"经典云南丛书"为百科式解读云南的通俗性读物，融知识性、趣味性、探秘性与时代性为一体，以一种新的视角和叙述方式展现云南的独特之美，以满足人们了解云南、探秘云南、遨游云南的愿望，希望我们所做的一切已达到了。

编　者

目　录

一、大旅行家徐霞客是怎样出行的……………………………… 1

二、徐霞客在云南的游踪…………………………………………… 7

三、徐霞客在曲靖府……………………………………………… 23

四、徐霞客在云南府……………………………………………… 28

五、徐霞客在临安、广西二府…………………………………… 44

六、徐霞客在姚安府……………………………………………… 49

七、徐霞客在鹤庆府……………………………………………… 52

八、徐霞客在丽江府……………………………………………… 57

九、徐霞客在永昌府……………………………………………… 61

十、徐霞客在大理府……………………………………………… 75

一、大旅行家徐霞客是怎样出行的

古人云："在家千日好，出外半时难。"真的，凡是外出过的人都有这样的体会：居住在自己的家里，虽然时间很长，并不觉得有什么不方便；而出门在外，即使时间很短暂，也常常会遇到各种预想不到的不方便和困难。明代大旅行家徐霞客经常在外寻幽探胜、搜险猎奇，他有什么奇招妙术使长期在外的远游能够持续下去并取得巨大的收获呢？他有什么成功的经验值得借鉴呢？细读有关介绍徐霞客的书籍和徐霞客撰写的《徐霞客游记》，可以发现：徐霞客每次外出之前，都要做很多的准备工作；徐霞客外出时，都会选择最佳的旅行方式、旅行方法和旅行技巧。

徐霞客出行之前的准备工作主要有：第一，安排好家人的生活，使外出旅行无后顾之忧；第二，请朋友写介绍信，使外出时能得到各地人士的资助；第三，带足外出所需的盘缠和生活用品、食品、书籍、资料等。第三项准备工作尤其重要，特作较详细的叙述。明崇祯九年（1636年）九月，徐霞客决定进行一次长达数年的"万里遐征"。临行之前，为筹集足够的盘缠，他甚至变卖了祖上留下的一些田地，还接受了亲朋好友的一些资助。为了实现这次足迹遍达如今江苏、浙江、江西、湖南、广西、贵州、云南等省区的远游，徐霞客携带的生活用品、食品、书籍、资料很多，这些物品除让一名仆人担挑外，还常常要雇佣一至三个挑夫担挑。

徐霞客外出时，善于选择最佳的旅行方式、旅行方法和旅行技巧。关于这方面的情况，郑祖安、蒋明宏两位先生主编的《徐霞客与山水文化》介绍得比较全面，该书总结出了徐霞客出游的六个特点。

第一，采取了独自游和结伴游相结合的方法。喜欢特立独行、勇于冒险、酷爱猎奇、做事认真的徐霞客，在一般情况下，采取的是独自游的方式。独自游的好处是自由自在，能按照个人的意志行事，想去什么地方，就去什么地方；想什么时候出发，就什么时候出发；想在什么地方停留多久，就在什么地方停留多久；可以集中注意力，不受旁人干扰地观察事物；可以不顾个人的安危，冒险行动；可以不管饥寒、酷热连续考察；可以不计时间长短，长期在外。因此，独自游有利于按照实际需要灵活安排行程，有利于深入细致地观察和了解事物。如徐霞客在云南鸡足山期间，为了实地考察鸡足山的地形、地貌，撰写出第一部有价值的《鸡足山志》，他常常不惧艰险，独自一人攀登就连年轻力壮的仆人也不敢攀登的悬崖峭壁。"少斫级痕以受趾，遂揉木升岸。……足之力半寄于手，手之力亦半无所寄，所谓凭虚御风，而实凭无所凭，御无所御也。"大凡远行，徐霞客也爱挑选一两个志同道合的旅伴结伴而行。如明崇祯九年（1636年）九月的"万里遐征"，徐霞客的主要目的地之一是云南的鸡足山，而徐霞客的同乡、江阴南街迎福寺高僧静闻和尚也以朝拜鸡足山为夙愿，与徐霞客志同道合，徐霞客得知后，便与静闻和尚从江阴结伴远行。结伴游的好处是：能切磋学问、交换观感、扩大视野、排解寂寞、互相帮助、提高行路的安全系数等。如对某个问题困惑不解，可以通过请教或讨论，得到认识或启迪；旅途中生病，有旅伴照顾；旅途中需要短暂离开，有旅伴照看行李；在行人稀少的荒郊野外行走，相对安全一些等。结伴游的坏处是：容易分散心思，不利于细致地观察事物；容易意见产生分歧，影响到个人的意志。徐霞客善于趋利避害，根据具体情况选择是独自游，还是结伴游。

第二，采取了独自游和向导游相结合的方法。大旅行家徐霞客很善于旅游，他去熟悉的地方（包括虽然没去过，但掌握有丰富资料的地方）都采取不依靠导游的独自游；去陌生或情况复杂的地方，则尽量聘请当地人做向导。深山寺庙里的僧道对周边的地形、地势和各种风物一般都很熟悉，这些人常常被徐霞客聘请为向导；大山上的樵夫和采药人，对复杂的山路必然很熟悉，这些人也常常成为徐霞客的带路人；土生土长的当地人，对当地的各种情况一般都比较了解，徐霞客常常向他们了解情况，或请他们做向导；路上的行人对他们走的道路一般也比较清楚，徐霞客也常常向他们探路。如明崇祯十二年（1639年）七月初六日，徐霞客住宿在永昌玛瑙山的望族马元康的家中。初八日晚，马元康对徐霞客讲述玛瑙山周边的幽奇胜景。初九日，徐霞客在马元康的小儿子的带领下，终于看到了奇异的水帘洞。七月十二日，徐霞客来到了离石城不远的少数民族聚居区十五喧，但当地人告诉他"喧中人俱不识石城路，惟中台僧能识之；且路必由中台往，无他道也"。徐霞客只好前往中台寺。十三日，徐霞客在中台寺老僧沧海的带领下，"沿西崖石脚，南向披丛棘，头不戴天，足不践地，如蛇游伏莽，狨过断枝，惟随老僧，僧攀亦攀，僧挂亦挂，僧匍匐亦匍匐"，历尽千辛万苦，碰到许多危险，终于亲眼目睹了石城的奇观。又如明崇祯十二年（1639年）三月十一日，徐霞客游点苍山北界龙首关旁的第一峰，路上遇到几个樵夫，有个樵夫告诉他"南峡中有古佛洞甚异，但悬崖绝壁，恐不能行，无引者亦不能识"。又有一位老樵夫对徐霞客说："君既万里而来，不为险阻，余何难前导？"于是，徐霞客便在老樵夫的引导下游览了古佛洞。

由于徐霞客请过各种人当向导，他才能广泛地了解并游览各种各样的风光胜迹，并在短时间内掌握它们的精要。如果没有向导的引路，那么在许多情况下，特别是在偏僻的地区，徐霞客在客观条件的限制下，必然会与许多风光胜迹失之交臂。如明崇祯十二年（1639年）二月十六日清晨，徐霞客由剑川城出发前往五十里外的石宝山。他从北面登山，游览了宝相寺，观看了附近的一个白塔，天便黑了。第二天，他从宝相寺下山继续往南行，不久便见"峰头石忽涌起，如狮如象，高者成崖，卑者为级，穿门蹈瓣"。徐霞客"觉其有异"，但由于没有向导，也没有当地人指点，徐霞客不知道这就是石钟山，更没有发现这里分布着许多石窟。

第三，采取了步行和使用各种交通工具相结合的方法。徐霞客外出时，不怕走路，也不排斥交通工具。他在有条件的情况下，尽量选择乘船、骑马、坐轿子等，因为使用交通工具可以节约时间、节省体力，有利于多游览一些地方，有利于游好每个目的地。徐霞客在云南考察时，因使用交通工具十分困难，在大多数情况下只好步行，但只要可以使用交通工具，他一定会充分利用。如明崇祯十一年（1638年）十月初四日，徐霞客要从昆明去晋宁，他就选择当日晚从昆明南坝乘船横渡滇池到达晋宁。有时，使用交通工具需要等待，所花费的时间比步行还要多，徐霞客便会毫不犹豫地选择步行。如明崇祯十二年（1639年）七月初九日，住宿在云南永昌玛瑙山马元康家中的徐霞客，因急于探访距住地不远的水帘洞，等不及好客的主人第二天为他备马前行，坚持当天就步行前往，并说了一句对后世影响很深远的名言："游不必骑，亦不必同，惟指示之功，胜于追逐。"

第四，采取自费与接受资助相结合的方法。徐霞客的家庭并不很富有，偏偏徐霞客又爱经常出游。出游的花费是很大的，如果出游的花费全部自掏腰包，徐霞客肯定承担不起。于是，徐霞客便采取了自费与接受他人资助相结合的办法来实现他遨游神州的志向。徐霞客每次出游，都尽量寻求亲朋的帮助。帮助的方式主要有两种：一种是向徐霞客直接馈赠外出用的盘缠，另一种是替徐霞客写介绍信，把徐霞客介绍给他们在各地的朋友，请这些朋友接待或资助徐霞客。如明崇祯九年（1636年）九月，徐霞客"万里遐征"之前，徐霞客的朋友陈继儒便写信给云南晋宁的唐大来和鸡足山的两个僧人弘辨、安仁，还写信给丽江的木增土司，请他们关照徐霞客。其中写给唐大来的信有这样的话语："良友徐霞客，足迹遍天下，今来访鸡足并大来先生。此无求于平原君者，幸善视之。"由于有陈继儒的书信拜托，晋宁的唐大来和鸡足山的两位僧人都十分热情地接待了徐霞客。徐霞客与唐大来告辞时，唐大来不但给徐霞客写了很多的介绍信，还馈赠给徐霞客不少的盘缠和礼物。丽江木增土司更是待徐霞客如贵宾，不但赠与银两，还馈赠给徐霞客很多食品和生活用品。

第五，资料准备与实地考察相结合的方法。徐霞客每次出行都随身带着许多书籍和资料，一路上又不断进行收集和采购。由于有了这些资料，徐霞客旅行视野才能比较开阔，各地的大致情况才能了然于胸。资料准备是徐霞客旅行中实地考察的基础，徐霞客有了这些资料才能比较顺利地进行考察，而这些资料由于有了徐霞客才能得到验证和充实。由于徐霞客对资料准备和实地考察同样重视，只要一有闲暇，他便认真阅读并尽力收集资料。如明崇祯十一年（1638年）八月初，徐霞客在云南广西府（府治在今泸西）被大雨所困。八月初七日，徐霞客写信给广西府代理知府何别驾，向他求要《广西府志》。这一天是何别驾的生日，他不上大堂办公，信没有送到。徐霞客便进府署大堂上观览广西府全境图。初八日，何别驾收到了徐霞客写给他的书信后，想和徐霞客见面，因为下雨没能前往。初九日、初十日，徐霞客两次叫仆人去催要《广西府志》，因没有印好的《广西府志》，必须重新印刷。十分重视收集资料的徐霞客，为了得到《广西府志》，只好在广西府耐心等待。等待期间，徐霞客又几次派仆人到府署催要《广西府志》，而他本人则抓紧时间游览了府城附近的名胜。一直等到八月十五日中秋节下午，何别驾才命府中的书吏送来刚刚印好的《广西府志》以及赠送的礼物。得到《广西府志》的徐霞客，第二天一早便心满意足地离开了广西府。

第六，运用了各种"特技"的旅游方法。徐霞客考察山川时，不顾生命危险，有时道路太险峻，徐霞客便使尽浑身解数，运用各种"特技"，坚持进行考察。如明崇祯十二年（1639年）四月二十七日，徐霞客考察云南腾越的大尖山。徐霞客见到如此高大险峻的山峰，已感到奇特，后来又看见层层山崖之上，有个洞朝向东方。徐霞客想爬上山去看洞,但又寻找不到上山的路,想放弃考察又不甘心。于是,徐霞客便叫仆人放下行李在原地等候,他独自仰面攀登而上。那山极为陡峭,陡峭得不能放脚,他便用手攀住草根往上登。不久,连草根也不能承受手的力量,幸好爬到了有岩石的地方,但岩石也不坚稳,踩上去岩石马上坠落,手攀岩石也会坠落,间或找到一块稍微粘牢的,双足绷紧手指挂住,如平贴在墙壁上一样,不容移动一步。想上去既无处可抓,要下去也无余地,生平所经历的险境,没有超过此处的。徐霞客攀登过许多峭壁,但还没碰见过如此疏松的土质;徐霞客看见过许多流动的土石,但还没有看见过如此松散的岩石。徐霞客在如此危险的地方停留了许久,先试探着找到可以容纳两手两脚又暂时不会坠落的石头,然后悬在空中移动一只手,随后移动一只脚,一手一脚抓牢,然后悬空又移动一手一脚,幸好石头没有坠落,可又手足无力像要下坠。很久,徐霞客才侥幸攀登上去。沿山崖稍下坠,才向南转进洞中。出洞后,沿山崖往北爬行半里,脚下都是无路可走的悬崖峭壁,但有很多草根悬挂着。徐霞客干脆坐下往下坠,把双脚伸向前,两手反向拉着草根,做出投空而下的姿势,顺势下滑一里,竟然平安地到达了山麓。徐霞客与仆人相见时,依然惊魂未定,就像再生一样。

二、徐霞客在云南的游踪

云南是徐霞客一生旅游和地理考察的终点（有学者认为，徐霞客离开云南时，是绕道经四川的盐源、西昌、汉源、雅安、峨眉、宜宾、泸州等地，再乘船顺长江东下到黄冈，又从黄冈乘船东下回归故里的。若此说成立，重病在身全靠坐滑竿行路的徐霞客，也只能途经四川等地，而不能对四川等地进行地理考察，所以笔者认为云南仍是徐霞客"万里遐征"的终点）。明崇祯十一年（1638年）五月初九日，"万里遐征"途中的徐霞客来到了贵州盘县的亦资孔，因"雷雨大作。宿于西门内周铺"。

由于《滇游日记一》的散佚，我们无法知道五月初十日至八月初六日徐霞客在曲靖府、云南府、临安府的详细游程，但从散见于《徐霞客游记》内的一些追叙和专题文章，我们仍能大致了解到徐霞客在这段时间内的游踪。

大约是五月初十日，徐霞客从贵州盘县亦资孔经火烧铺越小洞岭，再经明月所过滇南胜境关进入云南。到交水（今沾益）后，住龚起潜家。以后，沿南盘江以坐船为主，到了曲靖和陆凉（今陆良），途经石堡温泉和曲靖府城南面的越州。《盘江考》提到这段旅途经过："余憩足交水，闻曲靖东南有石堡温泉胜，遂由海子西而南。""抵曲靖郡。出郡南门，东南二十五里，海子汪洋涨溢，至是为东西山所束，南下伏峡间。桥横架交溪上，曰上桥。桥西开一坞东向，即由上桥西折入坞，半里至温泉。泉可浴，泡珠时发自池底，北池沸泡尤多，对以六角亭，曰喷玉。""有船南通越州，州在曲靖东南四十里。舟行至州，水西南入石峡中，悬绝不能上下，乃登陆。十五里，复下舟，南达陆凉州。"此后，徐霞客又从陆良至杨林，从杨林的嘉利泽南岸，经过杨林西登老脊，来到了云南的省城昆明。徐霞客从陆良至杨林，走的是哪一条道路呢？因《滇游日记一》散佚，其他内容中又不见追叙或补叙，我们无法得知。但距陆良不远之处有名闻遐迩的石门（今称石林），根据徐霞客酷爱探胜和常取间道，尽量不走重复路线的习惯，徐霞客很有可能从陆良西到石门，再从石门北达嵩明县南境，又经大板桥、金马山到昆明城。

据朱惠荣先生考证，徐霞客到省城昆明后，便投宿于如今的顺城街。不久，徐霞客便从昆明去临安府所辖的通海、建水、石屏、阿迷（今开远）以及广西府所辖的弥勒等地。

徐霞客的这次南行，路过晋宁时已经是夜晚了，"暗中所行"，没有停留。从晋宁沿大坝河继续南下，过四通桥、河间铺、关索岭。游通海县城的秀山，对红云殿和殿前的山茶有很深的印象："宫前巨山茶二株，曰红云殿。宫建自万历初，距今才六十年，山茶树遂冠南土。"游罢秀山，继续南行，越建通关，过曲江桥，经南庄到临安（今建水）。从临安随流考南盘江正源，西到石屏、宝秀，至宝秀西十里的关口。徐霞客在石屏时，曾泛舟游览异龙湖。他在《盘江考》中对异龙湖有描述："湖有九曲三岛，周一百五十里。岛之最西北近城者，曰大水城，顶有海潮寺；稍东岛曰小水城。舟经大水城南隅，有芰荷百亩，巨朵锦边，湖中植莲，此为最盛。"游过异龙湖后，徐霞客又从石屏返回临安，再东行过金鸡哨游颜洞并写有《游颜洞记》。此后，又经漾田越中道岭到阿迷（今开远）。从阿迷渡盘江经朋圃、竹园到达弥勒，途中洗沐翠微温泉。再从弥勒东行九十里，过大麻子哨，达广西府，留下《随笔二则》。徐霞客所行走的这段路程，《滇游日记二》八月十三日的日记有一段追叙："自省至临安，皆南行。自临安抵石屏州，皆西北。自临安抵阿迷，皆东北。自阿迷抵弥勒，皆北行。自弥勒抵广西府，皆东北。"

徐霞客在石屏的具体时间，《滇游日记十一》七月十五日的日记这样记录："是夕为中元，去岁在石屏，其俗犹知祭先，而此（指永昌的箐口——引者注）则寂然矣。"可以推算出是明崇祯十一年（1638年）七月十五日的前后数天。而到八月初一日，徐霞客已经离开临安去游颜洞了。

明崇祯十一年（1638年）八月初七日至八月二十九日的二十三天中，徐霞客从逗留地广西府出发，经师宗、罗平、黄草坝等地至滇黔交界的碧峒。

八月初七日，徐霞客在广西府，他写信给广西府代理知府何别驾，向何别驾求要《广西府志》。初八、初九两天，下大雨，徐霞客在住所未外出，等待求要的《广西府志》。初十日，徐霞客在住所记录广西府附近的山川形势。十一日，徐霞客探访府城附近的名胜。十五日，终于得到了何别驾派人送来的《广西府志》。十六日离开广西府，天黑后到达师宗城，因城门已关，只好住宿在城外的一户人家中。十八日至罗平，访问南盘江下流去向，记录州城附近的山川形势。十九日至二十一日，"雨阻逆旅"，徐霞客只好在旅店内阅读《广西府志》。二十二日下午，徐霞客外出，向当地人了解罗平的山川地形。二十三日离开罗平城，因下雨，住宿在三板桥的上寨。二十四日，渡过黄泥河，住宿在河边的江底寨，此地已属如今的贵州兴义。二十五日，离开旅店继续行路，因雨下个不停，住宿在地名为柳树的一位姓陈的老人家里。老人很穷，但却能厚待客人，一见面就点燃柴块叫徐霞客烘烤湿淋淋的衣服，在陈家食宿虽然吃饭无盐，睡卧无草，徐霞客却十分愉快。二十六日，徐霞客来到了贵州的黄草坝，住宿在一位姓吴的人家。二十七、二十八两日，被雨所阻，在吴家记录黄草坝土司、境界、水道、交通、地名等，并对迤东各地的阛阓、山脉以及桂黔滇三省的地形进行比较。二十九日，吃过早饭后徐霞客告别主人出发，夜晚住宿在亦佐县（今属富源县）的碧峒。

明崇祯十一年（1638年）九月初一日至二十九日的二十九天中，徐霞客自碧峒经黄泥河、亦佐县、马场、箐口、石堡村、曲靖府、交水（今沾益）、寻甸府、嵩明州、邵甸，第二次进入省城昆明。

徐霞客在滇东二十九天的考察中，横穿了云南的东部以及与云南接壤的贵州西部。为了尽量与原来走过的路不重复，多走小路或人迹罕至的山区，途中差点遇上了剥衣杀人的强盗。又逢阴雨绵绵的八九月，路烂泥滑，行走十分艰难，但徐霞客在一般情况下仍坚持行路，并在石堡温泉沐浴，游览了东山寺、宗镜寺、法界寺，当时翠峰山寺庵最盛，他在翠峰山停留的时间也最长。他对沾益州、寻甸府、嵩明州的历史沿革、地理环境、土司状况、城池变迁等记载得都很详细。徐霞客还考察了车湖、嘉丽泽等高原湖泊及滇池的主要水源——盘龙江源，完成了探寻南北盘江源流的宿愿，写成了科考名篇《盘江考》。

九月初一、初二两日，徐霞客被雨所困，在住处记录碧峒附近的山川形势。初三日，徐霞客冒雨离开碧峒，下午来到了黄泥河，渡过黄泥河后，便住宿在河边的一个小客栈里。初四日至羊肠堡。初五日，住宿在鸡场东村（今罗平县北端富乐南的小鸡场）。初六日至马场（位于今曲靖市东南隅）。初七日晚住宿石堡村。初八日在温泉沐浴后离开石堡村，到达曲靖府城后，又游览了城外的东山寺。下午至交水（今沾益），第二次到龚起潜家投宿。初九日至十一日，徐霞客一直在龚起潜家写日记，得到了主人的殷勤招待。十二日，由交水南至新桥，西行至翠峰山，住宿在护国旧寺。十三日至二十一日，一直食宿在翠峰山的朝阳庵。其间，徐霞客在庵内记录曲靖、沾益沿革；十四日下午登翠峰山顶，眺览四周的形势。二十二日，被雨所困的徐霞客终于离开了翠峰山，夜晚住宿保官儿庄（今马龙县北境的保谷庄）。二十三日，徐霞客至寻甸府城，住宿在府衙东边的旅店中。二十四日，徐霞客至寻甸府衙门观看寻甸府境的地图，在城中闲逛，在旅店写日记。二十五日至羊街子（今寻甸县南隅果马河东岸的羊街子）。二十六日冒雨前行，夜晚住宿在嵩明州衙门前的旅店。二十七日，写信给嵩明州张州同，向他借钱，张州同没回应。二十八日，徐霞客探访嵩明州城城内外的名胜古迹，记录嵩明沿革、境界及城周围形势。下午继续行路，傍晚住宿灵云山梵虚庵。二十九日，徐霞客经邵甸至三家村（今松华坝水库，原址已被水淹），并住宿在该村。

明崇祯十一年（1638年）十月初一日至十一月十一日的四十天中，徐霞客于十月初四日由省城至晋宁州，居二十日，至二十四日起离晋宁返省城。徐霞客在昆明、晋宁等地结交了吴方生、阮仁吾、阮玉湾、阮穆声、唐大来、唐元鹤、张调治、张石夫、金公趾、马云客等滇中名士，得到他们的盛情款待，是徐霞客在云南最快活的日子。

十月初一日，徐霞客第二次来到昆明，投宿于今顺城街的曾经住宿过的旅店。初二日，徐霞客与阮仁吾及其侄子阮玉湾、阮穆声等人相见。初三日拜访杨胜寰，得知丽江府知府已经在丽江等候他很长时间了。初四日晚乘舟渡滇池至晋宁州，同唐大来及州守唐元鹤等相见。初五日至初七日，徐霞客每日都在州署里下围棋，等候张调治。黄从月、黄沂水和唐大来等人轮换着前来相陪，夜晚一定饮宴到全醉才罢休。初八日，至古土城观明惠夫人庙。初九、初十两日，徐霞客生病，众朋友前来看望。十一日，知州邀请徐霞客去州署，知州的幕僚傅良友送给徐霞客一些礼物。十二日，唐元鹤知州赠送给徐霞客新制的长夹衣、棉被等。十三日，张调治邀请徐霞客骑马游览金沙寺。十四日至二十一日，徐霞客均在州署内休息、饮酒。二十二日，唐元鹤为徐霞客写作《瘗静闻骨记》，并给徐霞客设宴饯行。二十三日，唐元鹤又馈赠给徐霞客棉袄、夹裤以及其他礼物。唐大来替徐霞客写了很多介绍信，还寄信给永昌的闪次公介绍徐霞客，并赠送了一些银两给徐霞客作路费。这一天，徐霞客在日记里记录了晋宁州的山川形势、境界、沿革，以及唐元鹤、唐大来等人的家世，并论晋宁州的历代名宦。二十四日，徐霞客离开晋宁西行，经昆阳州至海口街并住宿于该地。二十五日，徐霞客探访了海口的名胜石城，当天宿于海口西北的平定哨（今名坪地哨）。二十六日，徐霞客至安宁州，探访灵泉（盐井），游览虚明洞、温泉、云涛洞，宿于曹溪寺。二十七日，徐霞客观看"圣泉"后，返回安宁州城，又东行宿于安宁的高枧桥村（今名高枧槽）。二十八日，过碧鸡关至棋盘山，宿于棋盘寺。二十九日，从棋盘寺，经宝珠寺、夏家窑，第三次进省城，住宿在今顺城街。

十一月初一日，徐霞客在住所写书信。初二日，拜访阮玉湾、阮穆声。初三日，去拜访周恭先，结识马云客，留宿马云客家。初四日，回住所等候去晋宁的仆人。初五日，吴方生为徐霞客写介绍信，让徐霞客到永昌时拜访潘嗣魁、潘世澄父子。初六日，徐霞客去拜访唐大来的妹婿任君，顺路观看了城内土主庙的菩提树。这一天，周恭先、金公趾、阮玉湾、阮镫等人都赠送徐霞客路费。初七日，徐霞客与吴方生告别，离开了顺城街的住所出小西门西行。在筇竹寺内与金公趾等人相会，并结识了昆明名士严似祖。当晚宿于筇竹寺。初八日，离开筇竹寺，游览海源寺溶洞、妙高寺，住宿沙朗。初九日，离开沙朗，顺路探访了沙朗的溶洞。夜晚住宿在大哨（今富民县大营）的村民家中。初十日，徐霞客探访富民的河上洞，经富民县城，投宿于富民县西北的小甸堡。十一日，从小甸堡到武定府，在武定府住宿。此后十九天徐霞客无日记。

据负责整理《徐霞客游记》的季梦良询问徐霞客的仆人，仆人说："武定府有狮子山，丛林甚盛，僧亦敬客。留憩数日，遍阅武定府诸名胜。后至元谋县，登雷应山，见活佛，为作碑记，穷金沙江。由是出官庄，经三姚（大姚县、姚安府、姚州——引者注）而达鸡足。"从徐霞客的仆人的回答，我们可以得知：徐霞客曾登临武定的著名胜地狮子山，并在山上游憩了好几天。

明崇祯十一年（1638年）十二月初一日至三十日的三十天中，因仆人生病，徐霞客于十二月初六日才从元谋县官庄茶房起行。徐霞客往西经仡佬族村寨及大舌甸、水井屯、仓屯桥等村到大姚县，折往南经龙冈卫到姚安府，再向西南经弥兴、普淜（今祥云县东南隅普淜）、云南驿到洱海卫（今祥云县），又转往北经宾川州的宾居、州城附近及牛井。二十二日抵鸡足山，住在悉檀寺。

十二月初一日至初五日，因仆人生病，徐霞客一直逗留在元谋县的官庄茶房。初五日，徐霞客在住所记录元谋四境及山脉形势，并历记至金沙江岸各村的里程。初六日，徐霞客由官庄出发西行，傍晚宿于炉头以东的一户人家中。初七日，徐霞客离开炉头继续行路，夜晚宿于独木桥村的一座寺庙中。初八日，早晨起来，天很冷，仆人又生着病，徐霞客也被旅途所苦，只行走了一里路，便在大姚县东南隅的水井屯的一座寺庙里休息了。初九日，徐霞客来到了大姚县县城，宿于城内的旅店中。初十日，至大姚县妙峰山德云寺，宿于寺内。十一日，在寺内等候法师并阅读佛教经典。十二日，至姚安龙华寺，宿于寺内。十三日，徐霞客至姚安府城，宿于城内的青莲庵。十四日离开青莲庵，往洱海卫方向前行，顺便探访沿途的名胜古迹，晚宿于孙家湾。十五日，至普淜。十六日，从普淜向西北行，宿于小云南驿（今祥云县云南驿）。十七日，在练场村（今名练车村）温泉沐浴，游览水目寺等。十八日，在水目山拜访无往、戒月等僧人。十九日，至洱海卫城，宿于西门外。二十日，至宾川的山冈铺，并宿于该地。二十一日，至宾川的江果村（今名江股，分大、小二村，在牛井街稍南），宿于该村。二十二日，徐霞客至鸡足山大觉寺，并宿于寺内。此后，往来于悉檀、大觉、碧云诸寺。二十六日，徐霞客下葬静闻和尚的遗骨。二十七日，记述鸡足山形势，登临鸡足山顶峰。二十八日，到南楼观看日出，游览绝顶诸胜，返回悉檀寺。二十九日，游览街子，购物，宿于兰陀寺。三十日，在莘野的住处度过除夕之夜。

明崇祯十二年（1639年）正月初一日至二十九日的二十九天中，徐霞客遍游鸡足山的风景胜迹，考察山形地貌，遍搜山中的清泉、悬瀑、陡崖、奇树、静室，了解诸寺缘起，抄录碑刻，寻访遗迹，还记载了正月十五观灯、人工喷泉、架桥渡水、山中建筑特点及僧侣饮食、论经、养花、赴斋、祭扫等生活情态。正月二十二日，徐霞客接受丽江土官木增的邀请，离开鸡足山赴丽江。途经中所屯、北衙、西邑、松桧、辛屯、冯密等，从南往北，遍游鹤庆府的诸名胜。沿途游腰龙洞、鸡鸣寺，探龙珠山的石穴，考察了南衙和北衙的银矿。往北再经七和，过邱塘关，二十五日抵丽江府。二十九日，木增迎徐霞客移居解脱林。

正月初一日，徐霞客住在鸡足山狮子林莘野的静室。初二日，西行前往迦叶寺，天黑时仍返回莘野楼住宿。初三日，徐霞客在兰宗的陪同下观看古木化石，到悉檀寺住宿。初四日，至观瀑亭看瀑布，到大觉寺观喷泉，回悉檀寺住宿。初五日至初七日，拜访了一些长老，夜晚仍住宿悉檀寺。初八日，详记鸡足山形势，至静闻瘗骨处祭祀。初九日，西行探胜，宿于大士阁。以后的十多天，徐霞客每日出行探访鸡足山的各寺庙。十二日，再上鸡足山绝顶，眺览四周形势。因丽江木增的通事到悉檀寺递送邀请徐霞客到丽江的请柬，徐霞客返回悉檀寺。二十一日，徐霞客在悉檀寺作赴丽江的准备。二十二日，从悉檀寺启程赴丽江。当晚宿于鹤庆南隅的中所屯（今名小中所）。二十三日，经南衙，游腰龙洞，宿于鹤庆南部松桧（今名松桂）一户姓何的人家。二十四日，探访沿途的名胜，穿过鹤庆城，宿于新屯的王贡士家。二十五日，经七和，邱塘关至丽江，宿于通事家。二十六日至二十八日，在通事家，补写前几天的日记。二十九日，从通事家前往解脱林。

明崇祯十二年（1639年）二月初一日至二十四日的二十四天中，前十天，徐霞客在丽江受到木增的盛情款待，这位土知府设宴"大肴八十品"，馈赠奇点酒果，请徐霞客游象鼻水，到木家院欣赏罕见的大山茶，而徐霞客则为木增的《云薖淡墨集》整理编校，为《山中逸趣》写跋，为木增的儿子写范文、评文章，又为木增推荐名士，圆满完成了一位中原文化使者的任务，为发展边疆民族地区的文化"连宵篝灯,丙夜始寝";后十四天,徐霞客离开丽江南下,经过鹤庆时,游青玄洞,并考察了鹤庆的龙潭群。再往西经汝南哨、山塍塘,十四日抵剑川州。徐霞客在剑川遍游金华山的土主庙、天王石、玉皇阁、三清阁、玉虚亭、崖门诸胜,还攀登莽歇岭,游览玉皇阁及山顶摩崖,此后又游石宝山的宝相寺。十八日到达浪穹县(今洱源县),在何鸣凤的周到安排下,徐霞客泛舟茈碧湖,考察九气台温泉,游佛光寨。

二月初一日,木增派大把事以白银十两赠给徐霞客,并设宴款待徐霞客。初二日,徐霞客受木增之托,为木增撰写的《山中逸趣》作序。初二日,木增派大把事送来各种珍贵的水果和奇异的点心以酬谢徐霞客为《山中逸趣》作序。初四日,徐霞客受托校正《云薖淡墨集》。初五日,徐霞客请求去忠甸(后名中甸,今称香格里拉),观览那里的三丈六尺高的铜像。木增以路上强盗多,不能前往为由,婉言拒绝了徐霞客。初六日,徐霞客在解脱林校订《云薖淡墨集》,木增不时派人送来各种食品。徐霞客在日记里记下了解脱林的位置和建筑。初七日,徐霞客夜以继日地校订、分门标类木增的书稿。初八日,徐霞客离开解脱林,游览丽江的象鼻水等名胜。初九日,在通事的家里记录丽江的生产和民族生活。初十日,徐霞客至木家院,为木增的四公子评改文章。十一日,离开丽江过邱塘关至冯密,居住在冯密的陈生(徐霞客与陈生曾在鸡足山悉檀寺相识)带徐霞客探访东山的笔架峰,当晚宿于陈生家。十二日,徐霞客离开陈生家前往鹤庆,游览沿途的青玄洞、香米龙潭等,宿于鹤庆府北关。十三日,从北关西行至山塍塘,并住宿于山塍塘。十四日,至剑川州,游览金华山。十五日,游览莽歇岭。十六日,南行过罗尤邑、驼强村,至石宝山,宿于石宝寺。十七日,路过石钟山,因无向导指点,与石钟寺石窟失之交臂。夜晚宿于浪穹北部的观音铺村。十八日,南行过茈碧湖,游九气台,至浪穹城拜访何鸣凤。十九日,何鸣凤请徐霞客乘船游览茈碧湖,晚宿于文庙西厢房。二十日,何鸣凤的两个儿子陪同徐霞客重游九气台。二十一日，何鸣凤宴请徐霞客，并把自己的诗文集呈递给徐霞客观看，诗中有赞美徐霞客的诗句："死愧王紫芝，生愧徐霞客。"二十二日，何鸣凤又宴请徐霞客。二十三日，何鸣凤的长子陪伴徐霞客游览佛光寨、灵光寺，宿于灵光寺中。二十四日，继续游览佛光寨。二十四日以后的日记缺失。

明崇祯十二年（1639年）三月初一日至二十九日的二十九天中，徐霞客到浪穹南部的凤羽坝子小住七日，登鸟吊山，游清源洞。在这期间，徐霞客看到了白族人清明扫墓，饮钩藤酒、孩儿茶的民族习俗。三月初九日，徐霞客离开浪穹县城，往南经邓川州（今洱源县南部）赴大理府，沿途过普陀崆考察温泉，游邓川西湖，考察油鱼洞、蝴蝶泉，观"十里香"奇树，探古佛洞，游清碧溪，赶观音街子（即三月街），观赏多姿多彩的大理石，在三塔寺、感通寺等名胜流连。三月二十日，徐霞客离开风光旖旎的大理，过下关，往西经漾濞街、永平县。途中攀登苍山西坡的石门，浴曲硐温泉，登宝台山，考察澜沧江铁索桥，记录炉塘的红铜矿。从大理府至永昌府的路途中，重山叠嶂、路径艰险，徐霞客详细地记录了沿途的山川地貌。二十九日抵水寨。

三月初一日，徐霞客离开浪穹城，至凤羽，宿于土官尹忠家。初二日，尹忠备好了几匹马邀请徐霞客游西山。初三日，尹忠备好坐骑，安排四个人陪同徐霞客游览清源洞。初四日，尹忠又安排马匹，让徐霞客游览凤羽坝子北部的铁甲场。初五日，尹忠在坟山设宴款待徐霞客。徐霞客看到了白族人清明上坟的习俗。初六日，徐霞客与尹忠的岳父吕梦熊相见，相见甚欢。初七日，尹忠又准备好了马匹，徐霞客又在吕梦熊的陪同下再次游览了清源洞。初八日，徐霞客返回浪穹城。初九日，徐霞客离开浪穹城，南行过练城，见热水洞温泉，至中所宿于刘陶石家。初十日，与刘陶石自西湖泛舟南行，过德源城至沙坪。这一天的日记，徐霞客详细记录了浪穹西湖的美景、德源城的由来以及三家村的奇树"十里香"。十一日，经过龙首关游览蛱蝶泉（今名蝴蝶泉）及古佛洞，南行至三塔寺，在三塔寺见到了浪穹的何鸣凤和他的小儿子。十二日，徐霞客与何鸣凤等人同游清碧溪、感通寺。十三日，徐霞客与何鸣凤一同去其他僧房赴斋宴，因而探遍了诸处寺院。离开感通寺后，徐霞客等人又去寻找波罗岩，当晚宿于三塔寺。十四日，徐霞客与何鸣凤在寺南的石匠家观赏大理石，记录三塔寺及净土庵规模。十五日，徐霞客等人去祭拜三塔寺附近的李元阳墓。十六日，徐霞客到城西的演武场观看街子（三月街）的盛况。当晚仍宿于三塔寺中。十七日至十九日，出外访友、购物，夜晚仍宿于三塔寺。二十日，离开三塔寺南行过下关，宿于下关西边的茅草房（今名茅草哨）。二十一日，过合江铺至药师寺。游览药师寺附近的石门胜景。二十二日，东登苍山马龙峰，游玉皇阁等，经玉峰寺、花椒庵石洞返回药师寺。二十三日，徐霞客离开药师寺，西行过漾濞街至太平铺，宿于太平铺驿站。记漾濞江命名之疑。二十四日，离开太平铺西行，游览沿途的万松仙景寺等，宿于天顶铺。二十五日，继续西行，过永平县城，在石洞温泉沐浴，宿于门槛村（今名门坎桥）。二十六日，西行至宝台山慧光寺，宿于寺中。二十七日，出外考察宝台山形势，仍回慧光寺住宿。二十八日，离开慧光寺继续行路，过澜沧江铁索桥，宿于平坡铺，考证《明一统志》对澜沧江的记述之误，并详记铁索桥的历史。二十九日，西至水寨铺（位于今保山市的东部）。此后至四月初九日，共缺十天的日记。三月二十九日这天以后，徐霞客大约经官坡、板桥抵永昌府（今保山市）。在永昌府最初十天的活动，季会明注作了说明："自此至四月初九，共缺十日。其时当是在永昌府入叩闪人望，讳仲俨，乙丑庶吉士，与徐石城同年，霞客年家也。并晤其弟知愿，讳仲侗，丙子科解元也。即此时。业师季会明志。"

明崇祯十二年（1639年）四月初十日至十八日、四月二十一日至二十九日的十八天中，徐霞客于四月初十日离开永昌府西行，途中渡怒江，翻越高黎贡山，过龙川江桥，十三日抵达腾越州城。以后经顺江、固栋、南香甸、界头、瓦甸、曲石

17

等地遍游腾冲北境。为探寻雄奇的山川，艰难险阻在所不顾，生命安危置之度外。登石房洞山时，"欲上既无援，欲下亦无地，生平所历危境，无逾于此"。下坡则双脚向前，随草下滑。结果把盘缠弄丢，只好脱下身上的绸裙换钱买饭吃。

四月初十日，徐霞客离开永昌府府城，往西南行，顺路探访了芭蕉洞，当晚住宿在蒲缥的西村。十一日，渡过潞江（今怒江），宿于高黎贡山东峰下的磨盘石。十二日，渡过龙川江，住宿于龙川江西岸的橄榄坡（今名橄榄寨）。此地米价很贱，住宿也便宜，二十文钱住宿一晚，管两餐饭，另有带在路上吃的食品。十三日，至腾越州州城。十四日，腾越人潘秀才来拜访。十五日，徐霞客想出关去缅甸，但潘秀才等人都劝徐霞客不要出关。十六日，徐霞客外出观看跌水河（今名叠水河）瀑布，西登宝峰山。记录州城附近的山川形势以及关隘道路。十七日至二十日共四天，徐霞客仍逗留在宝峰山，大约仍住宿于纯阳阁中，记录当地的山川形势。二十一日，离开纯阳阁，北行至打鹰山，观火山遗迹，宿于山上的寺庙中。二十二日，北行至固栋（今名固东，在腾冲县北境），宿于固栋新街。二十三日，沿西江至乌索，复西行至尖山（云峰山），宿于玉皇阁。二十四日，探访尖山仙洞，摘取寄生在树上的木胆。二十五日，从尖山东行，过热水塘，北行至土瓜山，宿于土瓜山王家客店。二十六日，北行至阿辛厂考察铁矿，南返热水塘，详记温泉情况。二十七日，东行至石房洞，攀登悬崖峭壁时，盘缠丢失，乃出售随身带着的绸裙，得二百多文钱用以买酒肉和住店。探访尖峰上的山洞。记录"明光六厂"的状况。二十八日，离开南香甸，经界头至龙川江东岸的瓦甸投宿。二十九日，过灰窑厂、曲石返回腾越州。

明崇祯十二年（1639年）五月初一日至三十日、六月初一日至二十九日的五十九天中，五月十九日以前，徐霞客主要考察腾越州的南部，途经绮罗、团山、杨广哨、半个山等地，探访了壮观的硫磺塘沸泉及罗汉冲、大洞等温泉，足迹还到达了今梁河县境内。五月十九日至六月底都在永昌。徐霞客寓居太保山山腰的会真楼，得闪人望、闪知愿等朋友的关照和盛情款待，心情很舒畅。在这期间，徐霞客游遍府城附近的太保山、易罗池及其他名胜；往南游石花洞，浴蒲缥温泉，考察水利设施；往北游龙王塘、卧佛寺，浴金鸡温泉；往东南登哀牢山，考察东河伏流的天生桥。

五月初一日，徐霞客去拜访潘捷余和参将府的吴公。五月初二日，云峰山的老禅师法界以及州学中的贤士李虎变来拜访徐霞客。初三日，到参将府赴宴。午后，游览观音寺、玉泉寺等。初四日，跟随李虎变到绮罗村李虎变的家中，当晚宿于李家，记录腾越州的山川形势。初五日，跟随李虎变游览长洞山、罗汉冲、大洞温泉，夜晚仍宿于李家。初六日，游腾越南部的杨广哨，宿于凤田总府庄。初七日，探访硫磺塘温泉，返回绮罗村，仍住宿于李虎变家。初八、初九两日，因下大雨困在李家，抄录《腾越州志》。初十日，游来凤山，宿于官庄。十一、十二两日，因下雨困在官庄。十三日，与李虎变去苏玄玉的寓所观赏玉石。十四日至十八日，因下雨困在住所，吴参将赠送路费给徐霞客。十九日，徐霞客离开腾越，在沿途的温泉洗澡，宿于矣比坡。二十日，东行至橄榄坡。二十一日，过分水关，关西侧多雨，东侧晴朗。徐霞客在日记中写道："关名分水，实分阴晴也。"当晚住宿于磨盘石一位姓卢的人家。二十二日，过江后，继续东行宿于落马厂。二十三日，至冷水箐，客店中有旅客被强盗杀伤躺着。二十四日，继续东行，探访了沿途的芭蕉洞。到永昌后，仍住宿在法明寺的会真楼。二十五日至二十八日，徐霞客或在会真楼写日记，或去玉石市场。三十日，拜访潘莲华、闪知愿，观览太保山南麓的九龙泉。

六月初二日，出东门，游哀牢寺、玉泉等，投宿于沈家庄的农家。初三日，过闪庄，探落水坑及天生桥，宿于小寨的居民家。初四日，返回永昌会真楼。以后的四天都在会真楼，其间，闪知愿来访，并馈赠了许多食品。初九日，闪太史招唤去游马园。初十日，拜访马元中、俞禹锡，二位先生都是闪太史的女婿。

十一日,徐霞客跟随俞禹锡赴宴。十二日,与马元中、俞禹锡饮酒,俞禹锡赠送徐霞客金子。十三日,游览城北郊三十多里的卧佛寺,当晚宿于寺内。十四日,探访卧佛寺山洞后,东行至金鸡村沐浴,当天返回会真楼。十六日,拜访闪知愿、刘北有,游览太保山麓的书馆。返回会真楼。十七日,跟随闪知愿去赴宴。十八日,把寓所迁到山麓西南的打索街,即刘北有的书馆,抄写《南园漫录》及《南园续录》。十九日至二十二日,均在书馆抄书。其间,闪孩识来探望。二十三日,回拜闪孩识,闪孩识设宴款待徐霞客等人。二十四日,徐霞客断粮。二十五日,刘北有馈赠牛肉、素菜、大米。二十六日至二十九日在书馆抄书。

明崇祯十二年(1639年)七月初一日至三十日的三十天中,前二十八天,徐霞客仍在永昌。在马元康、早龙江的周到安排下,经虎坡、大寨、松坡、勐赖、蛮边、北冲、清水关等处,沿途考察干海子,参观玛瑙的开采,欣赏"滇中之瀑,当以此为第一"的水帘洞瀑布,登上高黎贡山东坡的石城,对高黎贡山的原始森林作了生动的描述。二十九日,徐霞客离开永昌南行。

七月初一日至初三日,徐霞客在书馆抄书,并给家人带去书信。初四日,访吴家花园,受到吴麟征的两个儿子的盛情招待。初五日,徐霞客断粮,外出游干海子,经九隆池宿于大寨。初六日,游干海子,在玛瑙山见到马元中之兄马元康,宿于马家。初七日至初八日,在马家与马元康下围棋,探访距马家不远的大瀑布。初九日,在马元康小儿子的带领下,游水帘洞及旱洞,至松坡,在马家庄见到了马元康的叔父马太麓,宿于马太麓家。初十日,游马家附近的青莲阁。西至猛赖,宿于马元康的好友早龙江家。十一日,至蛮边,在竹楼上观看火头家烹小猪祭祀祖先,当晚宿于竹楼。十二日,至中台寺,宿于寺中。十三日,由中台寺僧人沧海导游石城,下山返蛮边火头家。十四日,离开蛮边,宿于歪瓦。十五日,宿于箐口。十六日,至卧佛寺,宿于寺中。十七日,徐霞客断粮,饿着肚子返回原来寓所刘家书馆,收到潘莲华赠送的路费以及会真楼道士赠送的点心。俞禹锡和闪知愿来访。十八日，马元真同他的堂兄来访，徐霞客还收到了闪知愿的使者送来的礼金。十九日至二十八日，与闪太史、马元真、俞禹锡等人会晤。闪太史不但赠送路费，还作长歌相赠。二十九日，徐霞客告别俞禹锡、马元真等人离开永昌。当晚宿于养邑（今名羊邑街）。三十日，继续行路，宿于小猎彝（今名小腊邑，在昌宁县西北隅）。

明崇祯十二年（1639年）八月初一日至二十二日的二十二天中，徐霞客从小猎彝出发，往东南方向行，经枯柯新街、右甸、锡铅、顺宁府（今凤庆）、鹿塘到达云州（今云县）。又返回顺宁府，往北渡澜沧江和黑惠江到蒙化府（今巍山），再东行过龙庆关到迷渡（今弥渡），又往东转北，经过洱海卫、荞甸、宾川州，于二十二日回到鸡足山。

八月初一日，徐霞客从小猎彝东行过枯柯新街（今名柯街，在昌宁县西境），至右甸（今昌宁县城），宿于右甸的葛家客店。记录枯柯河一带的山川形势，订正《明一统志》及《郡志》以为枯柯河东下澜沧江的错误。初二、初三两日，下雨，在旅店记日记。初四日，离开右甸至玉壁岭。初五日，至锡铅（今名习谦，在凤庆县西部）。初七日，离开锡铅，至顺宁府城，宿于龙泉寺。初八日，离开顺宁前往云州（今云县），宿于鹿塘（今名洛党）。初九日，至云州，宿于州衙南边的旅店中，记录云州的沿革及四界。初十日，返回鹿塘。十一日，游沿途的普光寺、东山寺，返回顺宁府，再次住宿于龙泉寺。十二、十三两日，在府城等候驮盐的马帮，请马帮驮行李。十四日，跟随马帮至高简槽（今名高枧槽，在凤庆县北境）。十五日，过澜沧江、三台山，宿于阿禄司（今名鲁史，在凤庆县北境）。十六日，过漾濞江，宿于瓦葫芦（今名瓦铺路，在巍山县西南）。十七日，至蒙化府城（今巍山县城），宿于城内的冷泉庵。十八日，徐霞客骑马前行，游览天姥寺，天黑后返回冷泉庵。十九日，至迷渡，住宿于城外的海子。二十日，再次游览沿途的清华洞，宿于宾川东南的荞甸。二十一日，穿宾川州城而过，继续赶路，投宿于上次住宿过的江果村。二十二日，过炼洞、拈花寺，至鸡足山悉檀寺。

明崇祯十二年（1639年）八月二十三日至二十九日、九月初一日至十四日的二十一天中，徐霞客都在鸡足山。八月二十三日至九月十四日，徐霞客在鸡足山一边医治疾病，一边搜集、整理资料；不时还继续考察鸡足山的地形、地貌，游览一些上次到鸡足山未去过的地方，为撰写《鸡足山志》作充分的准备。九月十五日以后，徐霞客履行答应木增为鸡足山写志的诺言，开始撰写《鸡足山志》。十分遗憾的是，徐霞客撰写的《鸡足山志》以及九月十五日以后的日记已散佚，保存至今的仅有《鸡山志目》和《鸡山志略》一、二卷。

明崇祯十三年（1640年）正月，身患重病的徐霞客由木增派人从鸡足山护送回故乡。

三、徐霞客在曲靖府

明代的曲靖府管辖有南宁县（今曲靖市麒麟区）、陆凉州（今陆良县）、马龙州（今马龙县）、沾益州（治所在今宣威城，管辖今沾益县、宣威市的部分地区和富源县的部分地区）、平夷卫（今富源县）、罗平州（今罗平县）、亦佐县（今富源县富村乡一带）。徐霞客曾两次路过和考察曲靖府的以上州县。

徐霞客第二次考察曲靖府时，正逢阴雨连绵的秋季。三十多天中，几乎天天下雨，道路泥泞，行路十分艰难，但诚实善良、殷勤好客的曲靖人给徐霞客留下了很好的印象，壮美的曲靖山川让徐霞客流连忘返。

明崇祯十一年（1638年）八月十七日，徐霞客从师宗冒雨前往罗平。走过中火铺以后，雨越下越大，徐霞客估计到罗平州还有四十多里，天黑之前赶不到了。听说附近有一所营房能够住宿，徐霞客正在寻找营房，却遇到五六个手持长矛大刀的士兵。在这几个士兵的帮助下，徐霞客终于不至于冒雨露宿在山上了。第二天，徐霞客继续赶路，经过一个地方，只见有一缕泉水从路左边的石洞中流出，这个石洞的岩石有四丈多高，形状像虎头，岩石下层像老虎吐出的舌头，而上面有一个喉咙般的圆孔，泉水从"喉孔"中淌出，流到岩石的下方四处流淌。"喉孔"圆而平整，只能容进一个拳头，整只手臂探进去，前后大小几乎相等，是一个十分奇异的石洞。此时的徐霞客，因一直在泥泞的道路上行走，浑身溅满了泥水，特别是右脚沾上了厚厚的污泥，他便把右脚伸到水里冲洗污泥。冲洗干净后，他继续赶路，右脚却突然疼痛起来，很难行走。徐霞客心里想："这大约是我用灵泉水洗污秽的右脚，山灵惩罚我了。"便在心里虔诚地向山灵祷告，原谅他的罪过，并祈求山灵让他在十步之内消除疼痛。祷告完毕，徐霞客试着往前走，走到第十步时，疼痛竟十分神奇地停止了。平素并不迷信鬼神的徐霞客在当天的日记里感叹："余行山中，不喜语怪，此事余所亲验而识之者，不敢自讳以没山灵也。"

徐霞客到罗平后，仔细考察了罗平周边的环境，并了解到罗平的一些基本情况，他在八月十八日的日记里写道：

罗平州城西靠白蜡山脚，东南六十里为罗庄山，东北四十里处是束龙山。有水从白蜡山麓龙潭中流出，这是鲁彝河（今名大干河——引者注），河水向东绕城流过，转向南流出鲁彝桥，然后往东注入地穴。鲁彝桥北面有分流的小河，也同样注入地穴。这是州界内的河流。罗平州的西部有蛇场河，从州西南绕流到州东北，流到江底河，河流经过的地方都在白蜡山、束龙山以外。州东南有盘江，从师宗州向东北流入州境，往东南流到八达彝寨，所流经的地方都在罗庄山外。这是州界外的河流。罗平州城的砖墙很整齐。州治位于州城东门内，与百姓的住家连成一片，因此东门外形成很热闹的市场。州城的西门、南门，因为有官霸、阿吉两个强盗经常率领匪徒来抢劫，百姓不能安居。白蜡山在罗平州城西南十余里处，山顶高达十余里，山脚则在州城西门外二里处，山上有尖峰。白蜡山南起偏头哨，往北延伸到州城西北，为磨盘山的过脉；向东延伸又耸立为束龙山。白蜡山即使在天气最晴朗的时候，也有一缕白云，像腰带般地横贯山腰，这是州中的一处美景。

八月二十三日，徐霞客离开罗平城，大体沿着如今的324国道往东北方向经过发近德（今名法金甸）村、金鸡山、三板桥（今名板桥）前往贵州的黄草坝。过发近德村以后，徐霞客虽然多次渡过向南流淌的小河，但由于没有当地人指点，他竟与北侧的九龙河瀑布群失之交臂。

九月初七日，徐霞客从曲靖东南隅的马场前往石堡村。走到龙塘河附近的一个山头，徐霞客看见一个男人从西边岭上奔跑过来，对他说："赶快返回山下住宿，前边岭上有强盗正在抢人，不要往前走了。"不久，大约是那个男人的老婆也追上来对他说同样的话。徐霞客不太相信大白天的会有强盗抢人，便反问道："既然有强盗抢劫，你们怎能平安地过来？"那个男人说："强盗正在忙于剥行人的衣服，我们夫妇趁机绕道过来的。"徐霞客怀疑这对夫妇想骗他去他们的旅店住宿，所以编了这套话来吓唬他。于是，徐霞客便呼唤仆人立即从山冈上绕着北山往西走。徐霞客还真幸运，果真没有遇上强盗。

天黑以后，徐霞客来到了一个名叫石堡村的地方，并住进了一家旅店。他问旅店的老板："今天白天有强盗在附近的山上抢人吗？"老板说："有！被抢的就是我的邻居。今天下午他们几个人在山上砍柴，几个强盗从山后跳出来，将三人的衣服剥掉，并且砍掉了其中一个人的头。"此时，徐霞客才感到自己是"以小人之心度君子之腹"了，心里既十分惭愧，又十分感激那对好心的夫妇。

徐霞客之所以由马场前往石堡村，原因之一就是去石堡村的温泉沐浴。温泉就在石堡村的西边，从村后越过坡往西下，温泉就在眼前了。但见山坞中蒸气弥漫，随着温泉水流向东流下去，田畦间蒸气四面腾起。从矮围墙上的门进去，一池清澈的泉水就充溢在池内，水池上方修建有漂亮的亭子，两旁又用砖砌了两个池子把泉水夹在中间。北面高处有三间房子，泉水从房子下面流出来，可以用手捧水洗涤，徐霞客便脱了衣服跳下池中洗澡。刚下水时，徐霞客感觉水热得烫皮肤，比其他温泉的水温还高，不久身体便能够适应水温了。在徐霞客看来，弥勒州温泉的水温偏低，水的清澈程度也赶不上石堡温泉。沐浴之后，徐霞客的心情很好，而天公也特别作美。明亮的太阳光芒四射，从雅淡葱绿的山峰上跃出，水波在阳光的映照下显得很美丽。面对着这样的美景，徐霞客顿时感觉世俗的胸襟已被涤荡干净，如同置身于冰壶玉鉴之中。

来到曲靖府府城后,徐霞客游览了东门外的东山寺。徐霞客在东山寺里见到了一口巨大的铜钟,这铜钟由于太大,使见多识广的徐霞客也惊叹不已。他在当天的日记里写道:"郭东培嵝,高仅丈余,大不及五丈。上建大殿,前列层楼配之,置宏钟焉。钟之大,余所未见也。"

九月十二日,徐霞客由交水(今沾益县城)启程,打算返回昆明。经过曲靖府城西约三十里的横山屯时,他从南坡登临翠峰山。翠峰山是曲靖的佛教名山,主峰海拔2245米,山上有九庵十八庙,比较知名的寺庙有护国寺、朝阳庵、金龙庵、太平庵等。徐霞客登上翠峰山时,由于连日阴雨,整座大山笼罩在迷蒙的薄雾之中。他首先进入主峰正面的护国寺,护国寺又称"旧寺",也名"翠峰庵",寺的两旁山崖狭窄而阴森。大殿巍峨、壮丽,背后是十分陡峭的山崖,山崖上倒挂着藤木,殿前两侧各有一棵高入云天的巨大柏树。寺中只有一个僧人,是一位四十多岁、暂时居住在寺内的行脚僧。他见徐霞客风尘仆仆的样子,便忙着为徐霞客烧火做饭。徐霞客则乘着等吃饭的空闲时间,换了一套整洁的衣服,然后出寺探访位于护国寺东南、近在咫尺的朝阳庵。走到庵门口时,见到一个头陀正拖着法杖走出庵门。朝阳庵里有几个读书人住在东楼,却不见其他僧人。徐霞客便在庵中闲逛,庭院中有株西番菊,盛开的菊花如同盘子一样大,花瓣簇拥而无花蕊,红光灿烂,黄菊与之相比也黯然失色。前楼也幽静深远,庭院前有一棵桂花树,清香四溢,香气飘到很远的山谷中。徐霞客先前隔着峡谷盘绕山岭,因闻到花香而感到奇怪,以为香气是从天而降,而没想到是朝阳庵的桂树开花所散发的香味。桂树飘香、菊花艳丽,遗憾的是如此幽雅的环境,竟然见不到一位僧人可以交谈和托付。徐霞客只好返回护国寺去吃饭,计划饭后立即出发登临山顶。在护国寺看到那位做饭的行脚僧人殷勤地准备食物,即使是盆钵中没有多余的粮食,盘中没有多余的蔬菜。到吃饭时,僧人自己筷不沾菜,只把菜频频地搛给徐霞客。徐霞客十分感动。这时,徐霞客猛然想起,他在山脚的横山屯见到一位老妇，她对他说："翠峰山中有一位淡斋法师，他省嘴待客。有人送给他衣服，他总是又送给缺少衣服的人。有人送给他粮食和蔬菜，他自己做饭时却不放盐不放油。"而眼前这位省嘴待客的僧人一定是淡斋法师了。徐霞客与这位僧人深入交谈，他果真就是淡斋法师。淡斋法师的法号叫大乘，生在四川省，在云南姚安府长大，到护国寺暂住已经一年了。

饭还没有吃完，却天降大雨，看样子这场大雨一时不会停止。淡斋法师挽留徐霞客住在寺里，徐霞客见大雨不止，不能登临山顶，便留在了寺里。这天夜里天气寒冷，徐霞客睡在前屋，法师独自留在正殿，殿中没有床具，没有椅柜，法师整夜坐禅不止。第二天天亮时，雨仍下个不停，法师挽留徐霞客继续住在寺里。徐霞客看见法师盆钵里的粮食快要吃完了，心里很是不安。午饭前雨停了，法师担心徐霞客要走，又挽留徐霞客等到吃过午饭再走。徐霞客正在感到于心不忍，却见在朝阳庵门口碰到的那位头陀走进寺里来了。他一看见徐霞客，便对徐霞客说："您还在护国寺，为什么不去看望我？我能给你提供食宿，不必在淡斋法师这里吃饭了。"头陀一边说话，一边拉着徐霞客往朝阳庵走。到朝阳庵后，头陀便忙着给徐霞客做饭。徐霞客此时才得知，头陀法号总持，是曲靖府马龙州人，在曲靖府东山寺担任住持，因躲避吵闹来到这里，并不是朝阳庵的主持僧人。

以后的九天由于阴雨绵绵不便出行，徐霞客一直食宿在朝阳庵。九月二十二日，徐霞客离开朝阳庵时，总持大师送给徐霞客一些米。淡斋法师和总持大师是两位德高望重的高僧，他俩刻苦修行、省嘴待客的坚定理念和慈悲心肠给徐霞客留下了难忘的印象。

四、徐霞客在云南府

明代的云南府管辖有昆明县（今盘龙、五华、官渡、西山四区）、宜良县、富民县、嵩明州、晋宁州、昆阳州（今属晋宁县）、呈贡县、归化县（今属呈贡）、安宁州、禄丰县、三泊县（今属安宁）、易门县，是云南的首府。

徐霞客于明崇祯十一年（1638年）六月至明崇祯十三年（1640年）一月曾四次进出昆明，昆明成为了徐霞客云南之行的中转站和大本营，也是徐霞客考察云南的重点地区之一。徐霞客往滇东、滇南、滇西考察后，都重返昆明。徐霞客在云南府考察、逗留的时间前后长达三个月左右。徐霞客经过嵩明州时，考察了嵩明的湖泊、龙潭和梁王山，视察了盘龙江的源头；在昆明县逗留时，遍览了昆明的名胜；到晋宁访友时，与晋宁的名士、乡绅结下了深厚的友谊；途经安宁时游览了曹溪寺，到"天下第一汤"的温泉沐浴；路过富民时，探访过河上洞。

1. 盘龙探源

嵩明是昆明的母亲河盘龙江的发源地。盘龙江发源于嵩明的黄龙潭、青龙潭、黑龙潭。三潭之水流入牧羊河、甸尾河（也称邵甸河），两河于小河村附近的高仓汇合后称为盘龙江。徐霞客至少两次经过嵩明，第一次是明崇祯十一年（1638年）的六月，第二次是同年的九月。

徐霞客第二次经过嵩明时，考察了梁王山和盘龙江的源头。他在九月二十九日的日记里写道：

梁王山，我考查志书并没有这一名称，我上次经过杨林，从西面攀登主峰山梁，询问当地人，听说邵甸（今嵩明县白邑——引者注）东北有梁王山，所以这次我取道邵甸，正是打算弄清梁王山各分支山脉划分、水道源流的情况。而志书虽然没有记载梁王山的名称，但书中则这样注释盘龙江："源自故邵甸县之东山、西山。"……西边的山脉曲折环抱，是盘龙江的发源地，河水流往滇池……

徐霞客对黑龙潭以及盘龙江上游周边环境的记录就更加翔实、生动了，他在九月二十九日的日记里继续写道：

我来到甸头村后，就顺着东边的山麓往南走，走了一里，见有两个龙潭的水积聚在东边的山脚下。两个龙潭南北并列，中间只有一尺多宽的堤岸横隔着，堤岸的中部开有一个小口子，水从北潭流入南潭中。潭面不到两丈宽，但深不可测，东靠石崖，西临大路。龙潭的南面建有一座祭祀黑龙的神庙。"潭中大鱼三四尺，泛泛其中。潭小而鱼大，且不敢捕，以为神物也。"甸头的河水，从北往南顺大路西边流；龙潭中的水从龙潭里溢出后向南顺大路东边流。不久，大路两边的流水都流到山坞西麓，汇合起来往南流去。大路是沿着山坞东麓，与河流相望而朝南延伸，在山坞中多次经过村落。过了八里路，有条小溪从东边峡谷流出，往西流入西麓的大河里。过小溪，往南走两里，甸尾村横着坐落在山坞南面的山坡上。有条岔道直直往南延伸，走十里就到兔儿关；正路则从甸尾村往西走。走一里多，直接抵达西麓，有座石桥横跨在邵甸河上。过桥，顺着西麓往走。走了半里，见河水从西南方绕着山谷流进山，道路朝西北越过山岭。一里，登上山头。一里，下到山岭西边的山坞中，路又转朝西南走，邵甸河还在东南边的峡谷中，看不到了。原来山坞东部的主峰山脉，南端起自宜良，经过杨林所西部的山岭后往北延伸，一过兔儿关，其往西延伸出去的山峰耸立为五龙山，于是夹着汇流塘（今名回流湾，在昆明市盘龙区的东北部——引者注）水而延伸到松华坝；再往北延伸，经过甸尾村东部，其峰耸立为祭鬼山，于是夹着邵甸之水往西流入汇流塘。从这里又往西越过山脊,四里,顺着山坞往下下。一里,又有一股水从北边峡谷流来,水上有桥横跨,水势稍微小于甸尾桥下的水。有个村庄坐落在桥西面,这是小河村(在今昆明市盘龙区的东北部——引者注),牧羊河往南流到这里时,与邵甸河汇合,然后流向汇流塘的那条河。过了小河村,我又往西南上山,环绕着山坡走了七里,途中有下注的小穴。紧接着,山路突然直下峡谷中,有条小河从西北山谷中流来,渡过小河,有个较大的村庄。村庄的南部,邵甸河水和小河水汇合,往西流过峡谷,流到这里又折向南流进峡谷,这就是汇流塘,曲折环绕的形势十分复杂。从这里开始,路从汇流塘西岸顺着水流进入峡谷。这座峡谷很陡,两旁青山耸峙,峡谷中间流过一条河,道路顺着小河延伸。落日的余晖从西边斜照进来,山谷幽深看不见日影。曲曲折折走了四里,有几户人家在河流北岸,这就是三家村。

世事沧桑,前些年扩建松华坝水库时,三家村已被迁移到小河村的东边,即邵甸河与牧羊河汇合处的东岸,徐霞客路过并住宿过的三家村早已被松华坝水库的库水淹没了;盘龙江上游河水清澈、青山耸峙的优美环境已经遭到了破坏。倒是徐霞客曾驻足的龙神庙犹在。龙神庙也叫黑龙宫,始建于明代,明正德十五年(1520年)重修(徐霞客看到的龙神庙,就是正德十五年重修的),清嘉庆九年(1804年)又重修。黑龙宫坐东向西,现存正殿三间、厢房三间、南配殿五间、北配殿三间、古戏台一座。正殿为木结构歇山式建筑,供奉龙王塑像,门头正中悬挂有光绪皇帝御笔题写的"盘江昭佑"横匾。这块黑底金字的匾额,做工十分精致,中

嵩明黑龙潭大殿

上方有"光绪御笔之宝"四方大印。木匾四周浮雕九龙,造型栩栩如生。殿门楹柱上悬挂有两副对联,一副是陈荣昌题写的"踞盘龙宝象上流为霖为雨,溉金马碧鸡全郡利物利人"。另一副对联则字字带水,颇有意趣:"潭源流灌济江渴溢注滇池,泽润滋渊溅沿河沄灌沧海。"南北两个龙潭也还保护完好,潭水自南潭流出,每昼夜出水高达两万多吨,且不受雨旱两季影响,流出的水也汇入盘龙江上游,再流入松华坝水库。

2. 昆明览胜

徐霞客寓居今昆明顺城街期间,除偶尔外出访友外,大部分时间用于寻幽探胜。他登昆明太华山(西山)、棋盘山,下滇池考察金线泉,考察滇中的花木,探海口石城,游城中的土主庙……离开昆明西行时,又顺路游览了昆明西北郊的筇竹寺、海源寺、妙高寺,还探访了沙朗的天生桥。昆明的这些名胜古迹、风土人情,徐霞客在日记里都有引人入胜的描述。特别值得一提的是,徐霞客撰写的《游太华山记》是古人撰写的西山游记中最翔实、最生动的一篇。

徐霞客是从小西门外的篆塘附近坐船到高峣,然后上岸登山的。他在游记中写道:

水中长满了芦苇,小船航行在茂密的芦苇丛中,所以感觉不到滇池的浩渺,更何况这里只是滇池的一隅——草海。芦苇丛中的航道十分狭窄。遥望前边的西山,像张开的手臂绕向东边伸出去,陡峭的崖壁排空耸立,那是罗汉寺(即今三清阁建筑群——引者注)。又往西航行十五里便到达了高峣,于是就下船上岸。高峣是西山中部的低凹处。南部、北部的山都绕向东边伸出去,只有中部往西收缩,水也向西紧逼。岸上有数百家人靠山临水而居,这里是去滇西大路的必经之地。从高峣往北走可到傅园,从傅园往西上五里为碧鸡关,是通往安宁州的大路。从高峣往南有杨太史祠,从杨太史祠往南可到华亭寺、太华寺,最后到罗汉寺。罗汉寺的位置就是碧鸡山向南突出、山崖重叠的地方。大致碧鸡山从西北横贯东南，进耳等山峰从西南横贯东北，两座山交接的地方，就是西山中部低洼处，所以大路从这里经过，官府还在上面设置有关卡，高峣实际上是水陆两用的码头。

我往南边登山走了一里，在杨太史祠里吃了午饭。又往南走过一个村庄，接着便往西南上山，一共走了三里，来到了山腰的华亭寺。华亭寺正面朝东，背靠陡峰，前方对着草海。从寺南边的侧门出去，沿着寺南往西上，往ári越过分支陇冈进入山谷，一共二里，往东南登山，这就是在华亭寺、太华寺之间向东突出的山岭。往南越过山岭，转西进入山腋会聚处，路上面是陡峭的山脉，路下面是盘绕的深谷，太华寺高高耸立在山谷的东边，和路平行相对。然而必须先走完山谷西侧，然后才能往东转出山谷。山谷中悬挂着两道飞瀑，落到下面的石窟中。山谷幽深、陡峭、艰险、狭窄，不往此路走就体会不到山路的路况。转出峡谷，又往东绕过垭口，一共走了一里，往下看到一座寺院在壑谷中，那就是太平寺。又往南走一里，便来到了太华寺。太华寺也是正面朝东，殿前的石阶两旁都是山茶树，靠南的一棵特别高大。我从前廊往南穿过厢房进入一碧万顷阁，阁面对着东边，可以俯瞰滇池。但这里还只能看到近处的草海，如果要观赏烟波浩渺的滇池，必须去到罗汉寺的南面。

我从南边的侧门出寺，往南边下了一个坡，便顺着山坞往西行走。接着转朝东走了一里半，又往南爬上山岭。山岭从西部山峰最高处向东垂下来，有一条大路一直上去，可以登到山的顶峰。横穿大路往东南下坡，再转南，但见山峰嶙峋，往南簇拥。于是我从石峰的北面向东坠下土坑，一共走了一里，又往西走进石林里。走了一里，又往上从山崖边攀登，环绕着山崖往南行走，看见南边的崖上崖下有密密麻麻的建筑，就像蜂房一样，这些密密麻麻的建筑建在峭壁上，就像要坠落似的，这就是罗汉寺的南庵和北庵。穿过石缝往下走一里，便到达北庵，不一会就到文殊岩上，这才走上了正路。从这里往南走下去，就是罗汉寺的正殿；从这里往南攀登，是朝天桥。桥架在断崖之间，上下都是悬崖峭壁。这里的山崖又断裂开，中部下坠。过桥往南走，就到了灵官殿，殿门朝北对着桥。从殿东的侧门走下去，再攀登上悬崖峭壁之间的险峻山道，越往上攀登景观越奇妙，又有楼（供奉纯阳祖师），又有殿（供奉元始天尊），又有阁（供奉玉皇大帝），又有宫（抱一宫），都朝东正对着滇池，镶嵌在悬崖峭壁的山腰。每向上攀登几十丈，便有一块斗大的平台錾凿在崖间，于是便在这狭窄的空间架木建成殿宇，所以各个殿宇都不大，但它们点缀在白云、崖石之间彼此映衬，景致却很壮观。登临到这里，由于视线开阔，可以观览到整个滇池外海的胜境。南崖边有间亭子向前突出，北崖旁有座楼房横列，楼前有一株高大挺拔的柏树，碧绿的枝叶摇曳在云间，宛若置身在仙境。傍楼而坐，如同乘坐在高悬的船上，感觉不出还有崖石在下面支撑着呢！抱一宫南面陡峭的崖壁上钉有木桩，用木板铺成栈道，穿通石洞，栈道悬在崖上的树木中，石洞穿透崖间的缝隙，都极其艰险峻峭。穿过缝隙，有座小楼像粘在石崖上似的，这座小楼里居然住处、神龛、炊具俱全，北庵的景物到这里才看完。往回走，下朝天桥，到罗汉寺正殿拜佛。殿后的山崖高达百仞，山崖南面的转弯处，有一汪泉水汇聚在崖脚，这是从朝天桥山缝中涌出后流下来的，名叫勺冷泉。往南越过泉水，转身向东南攀登，这里的山崖更加高耸，只有一条像腰带一样窄的小路绕在半山中，往下全是坍塌的斜坡、崩裂的崖壁，直插入滇池底。小路边上的佛寺神宇有雷神庙、三佛殿、寿佛殿、关帝殿、张仙祠、真武宫依次排列。真武宫之上，山崖愈加耸立奇特，从前梁王在这里避暑，所以又名避暑台，是南庵的尽头，上面是辟石而建的小楼。再往南，则庵尽而崖不尽，悬崖峭壁高耸，白云缭绕，重重的山崖分开后又合拢。南头绝壁下，有猗兰阁旧址。

回到罗汉寺正殿，往东从山门出去，共转八道弯，向下走了二里抵达山麓，有数十家村民居住在这里，都以捕鱼为业。村南是龙王堂，堂前正对滇池外海。从龙王堂背后往南顺着南崖过去，村庄尽头处水波连接山崖，山崖的气势更加雄伟壮观，上面已经过了狮兰阁旧址。南边的石壁更加宽大、陡峭，一直延伸五里，淡黄色的石痕悬挂在崖壁的下部，当地人称为挂榜山。再往南，崖壁曲折环绕，山嘴突出，巨石凌空垒起，嵌入水中，断开裂缝。更往南边的峭壁则忽分忽接，犹如一道道屏风似的，虽然不如前面的石壁峻峭雄伟，但它高筝离奇，又是另外一种景象。走三里，往下俯瞰滇池岸边，船只在石缝中时隐时现，南岸边还建有一些茅草房。我加快脚步从又陡又窄的小路往下走，找到了金线泉。泉水从西山的腹部穿出，外面分为三道门，每道门只有盏那么大，中间是空洞，但全是倾斜的巨石，不能进去。泉水从盏大的门汩汩流出，分别淌入滇池。滇池中有一种细长的小鱼溯流进入洞中，这种鱼被称为金线鱼。金线鱼的大小不超过四寸，肉味鲜美，首尾之间有一缕金线，是滇池的珍稀鱼种。金线泉北面半里之处有一个大石洞，洞口向东俯瞰着滇池的外海，这个石洞就在大路的下面，因石崖倾覆而没有地方可以下去。若要进去，必须绕到洞南才能够迂回进入，那里就是先前所看到的小船在石缝中时隐时现的地方。洞内的石头玲珑剔透，裂隙和石柱到处都是，由于在亮处看得很清楚。往南深入数丈，洞内就很黑暗了。拿着火把再继续往南走，洞变得更加高大。走进去约一里，有朝东和朝西两个岔洞，往东上去三丈就到底了，往西走则很幽深而无法走到底。我担心火把燃完不敢继续深入而匆匆出洞。

于是上山回到抱一宫。打听去山顶黑龙池的路，必须向北爬到太华山的中部，又往南登山才能达到。而黑龙池其实就在山南金线泉的山顶，因为这里山崖很高，石壁陡峭，不是一般人敢攀登的。我鼓足勇气从陡直的崖壁间踩着裂隙往上爬，崖壁虽然很陡峭，但石缝棱角突出，悬空着往上跳跃，都可以平安到达。崖壁缝隙中有一种花，如同琼花玉茎，千姿百态，是我从前没有见过的。我平素熟悉的只有牡丹，它枝叶散乱，遍布石缝中，而在这里是绝难遇见的。这种花结子下垂，外绿中红，在我的家乡是看不到的。这里的人因为山高路险而不知道采摘观赏，只把它当做是山间的草药，而分不清是什么花。我往上用力攀爬了一里多，就登上了山顶，但见鱼鳞状的石萼就像出水的青莲花，均匀地遍布在地上。踩着峰头侧边的石头往南看，只见西南的一座山峰最高。在峰顶上行走了四里路，登上了最高处——碧鸡山顶峰。山顶南侧的石萼密密麻麻，南边稍低下去的地方又突起一座陡峰，比碧鸡山顶略低，那是南边尽头处海口的山。从山顶上往东下二里，就已经到达金线泉的上面了，我在高耸的山崖间观看了黑龙池，然后下山。

徐霞客的这篇《游太华山记》，有别于一般文人的游记，也有别于如今的西山旅游指南。它详写太华山的地形地貌、道路交通，对山下的金线泉、大石洞也描述得较细致，而对山上的寺庙宫观、文物古迹则点到为止，不愧是出自于一个旅行家和地理学家之手。

明崇祯十一年（1638年）十月，徐霞客从昆明到晋宁访友，归来时绕道昆明、安宁。十月二十四日，徐霞客行走到海口时，想起朋友阮玉湾曾对他说过，海口的石城值得一游，便住宿在海口。第二天，徐霞客终于寻找到位于里仁村附近的石城了，他在当天的日记里写道：

从水潭的西边登上山岭，行走半里，就看到岭头上石峰、石林涌起，有的像锥子似的尖耸，有的像门户夹道，有的像灵芝擎起而形成石台，有的像云朵卧地而状若城郭。我顺着石头之间的缝隙，绕着山坡往上走，顺着壑沟向下行。山顶的中部低洼，石头都环绕洼地状若城墙，东面陡峭的石峰密密麻麻如同森林，西南面被耸立的穹形石壁所覆盖，南面就是我翻过山梁而下的地方，北面则有曲折幽深的石洞。若离若合之间，有一块巨石从空中坠下来正正地挡在关口，巨石下面刚好形成一道门，游人都从这里出入。被石壁围着的洼地之中，底部平坦又不积水，可以盖房子，这就是所说的石城。穿过北边的石门出去，那里的石头更像树木分枝、花萼簇拥，石头全是青色质地，黑色纹彩，棱角分明，边缘锋利，和其他山上的石头完全不一样。有两个牧童带领着我顺山崖往东边转，便又进入了另一列石丛之中，看到了被石壁包围的一大片空间。这一大片空间只有东面像门一样地可以让游人进出，中间有僧徒打坐的石屋、架好床板的床等，这一切都是天然生成的。从石围出去稍稍往南边走，回头便可看见石门旁边还有个深邃的石洞，急忙转过身来钻洞。从石洞中穿出去，又进入了宽敞的石围之中。这时才感觉到从石门进入石围，不如从石洞进入石围那么奇妙。我估计石围的背后，就是石城中往东看去如同森林般的陡峭石林的所在地。从石洞中出来，抬头眺望石洞上面，石峰层层叠叠，高耸入云。又有一位老年偻偻着兽皮走过来，带着我一起攀登石山。登上去的地方宛若众多的高台错落而立，环绕着中间的洼地而峙立在石城的东部。往东眺望海门村，天空像明镜一样明亮；往西俯瞰洼地的底部，青绿色的石片瓣瓣可数；而隔着山崖看西面的山峰如穹隆覆盖，显得更高大。饱览了山上的美景，我才慢慢下山。以后又越过南面的山梁，绕到西面的山峰。但见穹形的崖壁之上，还有后层山峰分开竦峙，中间却是敞开的峡谷。往东顺陡坑而下，它的后面土山高拥，上面背靠屏风般的山峰，竦立的巨石，有的像顶上覆盖着石板，有的像从中剖成倾斜的窗格。石崖的侧壁上有两个像鼻孔一样的小洞，小洞内有一窝蜜蜂时隐时现，有蜂蜜淋在石洞的下面，小洞是蜜蜂的巢穴。两个牧童说，三个月以前，当地人用火烟熏蜜蜂取蜂蜜，蜜蜂已经被赶跑很长时间了，没想到现在又成了它们的蜂巢。这两个牧童争着用草去堵塞小洞，洞里的蜜蜂就发出了像铜鼓一样的嗡嗡声。我登高眺望了许久，才从陡坑的北面往东顺着悬崖下山。经过石围东边的石门外，沿途的景致仍然使人一步一回头，不忍离去。我之前从里仁村看这座山，只见峰顶上竦立着一丛石头，觉得还赶不上晋宁州石将军峰的雄伟气势。到达石城后，才看见这里山石闭合曲折、层次丰富、造型玲珑、变化万千，可谓鬼斧神工，集秀美于一身而独具奇异，于是相信仙境的确不能只凭外表来判断。

十月二十八日，徐霞客离开安宁返回昆明，途经昆明赤家鼻（今名车家壁）时，登临了进耳山，之后又上了棋盘山。

关于进耳山，徐霞客在日记里写道：

登上山冈后，往北边行走，有一座门坊建在道路的正中，这就是进耳寺山门外的门坊，这里距山上的进耳寺还隔着一个大坑。顺着门坊往西边看，只见寺院的背后被一座大山环绕，我登上的山冈环绕在寺院的前面，山冈和大山之间夹着很深的大坑。环绕着进坑，就像进入耳朵孔一样，寺院正对着耳孔之上的耳盘边缘，这就是取名"进耳"的含义，若不身临其境，是体会不出名称的贴切之处的。走进门坊，往西顺着大坑往前走半里，有条岔路往西越过大山的山坳，而进寺院的路则顺着大坑朝南转。绕着山崖走了半里，往西进入寺中。寺门向东，登临大殿，很开阔，大殿好像在额头上而不像在耳朵里。

游览了进耳山之后，徐霞客又登临了距进耳山不远的棋盘山。徐霞客第一次经过金马山来昆明时，就远远地看到昆明西边的山脉像屏风一样地横亘耸立，其顶部还有如同铁锅倒扣、高出众山的山。如今徐霞客终于登上了可谓昆明西部山峰之领袖的棋盘山了，他有些激动，在棋盘山上盘桓了很久，仔细考察了棋盘山的地形地貌、地质水文，观看了镌刻有"玉案晴岚"四个大字的棋盘石，并住宿在棋盘寺里。第二天，徐霞客还去参观了石匠采凿的各种石材。其中经加工而成的石板有方形的、有长条形的，方形大石板每边有五六尺长，长的大石条长达二三丈，都只有一二寸那么厚，石面平整得像锯出来似的，没有丝毫的凹凸。见多识广的徐霞客也感叹这石材"真良材也"。

昆明城内今人民中路华山巷原来有座土主庙，是一座始建于唐代的古庙。从前庙内有一株驰名全省的菩提树。据《南诏野史》载："优昙花：云南府省城土主庙，南诏蒙氏时，有僧菩提巴波一名大又法师，自西天竺来，以所携念珠丸子种左右。树高数丈，枝叶扶疏，每岁四月花开如莲，有十二瓣，遇闰多一瓣。今存西一树，尚茂。"后人因这株优昙花系天竺僧人菩提巴波所种，又称其为"菩提树"。

明崇祯十一年（1638年）十一月六日，寓居昆明的徐霞客外出访友路过土主庙，因久闻土主庙菩提树的奇异，便入庙观看。他在当天的日记里写道：

菩提树在正殿台阶和庭院之间的甬道西边，有四五抱粗，树干往上耸而树枝盘绕覆盖下来，树叶有二三寸长，和枇杷树叶相似而没有绒毛。当地人说，菩提树花的颜色是白中带点淡黄色，花瓣的形状像莲花一样，也有二三寸长，每朵花有十二片花瓣，碰到闰年增添一瓣。树上的每一朵小花，竟然能按照自然运行的规律长花瓣，不只是泉水能够和时刻相应和（"州勾漏泉，刻百沸"），而事物竟然能够如此准确地测出天象，也确实神奇啊！当地人每到祭祀土主的日子，便成群结队地来到树下，点燃艾草熏烤树干来代替灸治身上的病痛，说熏烤树干就和灸治身体一样，病痛会随着熏烤树干而消除。这本来是荒唐不合情理的行为，却殃及了珍贵而又无辜的菩提树，使它的树皮遍布疤痕，而无一处幸免。

徐霞客并非杞人忧天，土主庙的这株奇异的菩提树由唐而经五代，又历宋、元、明，寿命近千年。而到清初，终于经受不住香火和燃艾草的长期熏烤和烧灼，于清顺治十四年（1657年）开始枯萎，清康熙五年（1666年）被一阵大风连根拔起，这株千年奇树、镇庙瑰宝终于玉殒香消、命丧黄泉了，而凶手竟是对它敬若神明的香客，这大约也是世上的一切愚夫、愚妇始料不及的。

十一月七日，徐霞客告别了朋友，离开昆明城西行。顺路游览了圆照寺、筇竹寺、海源寺溶洞、妙高寺，还探访了沙朗天生桥下的山洞。

徐霞客在筇竹寺的主要收获是结识了昆明乡贤、著名清官、吏部尚书严清的孙子严似祖以及筇竹寺热情好客的体空方丈。另外，筇竹寺香飘四溢的兰花也给徐霞客留下了美好的印象。

3. 晋宁访友

明崇祯十一年（1638年）六月，徐霞客第一次到达昆明后，结识了昆明、晋宁的许多文人、乡绅、官员，这些人都成为了徐霞客的好友。与这些友人交往的日子，是徐霞客在云南期间最惬意、最难忘的日子。徐霞客于明崇祯九年（1636年）九月离家开始"万里遐征"，旅途上并不很顺利。在湘江，徐霞客碰到强盗，行李、盘缠被抢劫，还差点丢了性命；在广西南宁崇善寺，徐霞客的旅伴静闻和尚不幸病故……一路上，徐霞客因盘缠用尽，旅伴病故，行途茫茫，前程未卜而忧心忡忡。

然而，徐霞客到达昆明的当天，便寻找到了由陈函辉作书推荐的居住在昆明的吴方生。此后又结识了唐大来、唐元鹤、阮氏叔侄、张调治、张石夫、金公趾、马云客等昆明、晋宁的朋友。这些良友给予了徐霞客很多的精神安慰和物质资助，并为徐霞客的滇南、滇东、滇西之行创造了条件。为了感谢这些朋友的关照和帮助，徐霞客去滇西考察之前，曾于十月初四日晚从昆明南坝乘船前往晋宁回访知州唐元鹤、隐士唐大来等人，并向他们作滇西之行前的告辞。

徐霞客在晋宁的二十天中，被热情好客的唐元鹤、唐大来等人待为贵宾。徐霞客又通过唐元鹤、唐大来等人的介绍，结识了许多晋宁的朋友。在晋宁的头几天，徐霞客连日在州署里下围棋，黄从月、黄沂水、唐大来等人轮换着来州署陪伴徐霞客，每晚一定要饮宴到全醉才肯罢休。在以后几天的日子里，徐霞客还是宴饮不断，收受各种礼物不断，张调治还邀请徐霞客骑马游览天女城、金沙寺。

十月二十三日，即徐霞客离开晋宁的前一天，唐元鹤、唐大来等人送了很多生活用品给徐霞客，有的朋友还赠送给徐霞客盘缠；他们还为徐霞客写介绍信，请他们在云南各地的朋友关照徐霞客。

4. 安宁纪行

明崇祯十一年（1638年）十月二十六日，徐霞客从晋宁访友归来经过安宁。安宁的名胜古迹较多，他在安宁盘桓了两天，观看了灵泉、圣泉，游览了虚明洞、云涛洞、曹溪寺等，还专程到温泉沐浴。

灵泉在安宁城内，所谓灵泉，其实是盐井。徐霞客在十月二十六日的日记里写道：

> 有座朝东的庙，门额上题写着"灵泉"两个大字，我还以为是三潮圣水所在地，便走了进去。庙门内左面有口巨大的井，井口垒起木头，横架成梁，栏上装设着用来汲水的装置，原来是盐井。井水又咸又苦而且非常浑浊，有人在井旁监督，每天两次汲水熬盐（"安宁一州，每日夜煎盐千五百斤。城内盐井四，城外盐井二十四。每井大者煎六十斤，小者煎四十斤，皆以桶担汲而煎于家"）。

圣泉又名"三潮圣水"，在曹溪寺北约500米处的盘山公路右侧的密林间。此地有一泓涌流而出的冷矿泉，因每日分别以早中晚三次涨潮而得名。明代状元杨升庵在其《重修曹溪寺记》中提到三潮圣水，说其"伏流吐泉，潮信日三"。徐霞客到曹溪寺后，便向人打听圣泉在何处，后来终于在一位姓党的书生的带领下看到了圣泉。当时的圣泉，南边建有一座"问潮亭"，云南巡方使、关中人张凤翮还为亭子写了一篇碑记。徐霞客在十月二十七日的日记里写道：

> 泉水从山坡上大树根下往南流出，树前用石头砌成月池围住泉水，池方圆有一丈多，积水深五六寸，泉水淙淙向东南坡流去。我来到时正当上午，泉水的早潮已经过去了，午潮还没有到时间，泉水处于收缩期内，尽管如此水流仍不断，可见涨潮时涌出的水流一定很大。

虚明洞位于安宁温泉今昆明市干部疗养院至云涛大酒店之间。这里有一座被江水长期冲刷而形成的悬崖陡壁，陡壁的上下有许多石洞，整座陡壁现统称为

"环云崖"。徐霞客所看到的"七窍通天"、"虚明洞"、"醒石"、"听泉"等石洞和石刻都分布在这座悬崖陡壁上。

曹溪寺坐落在安宁温泉西侧的龙山山腰，是一座始建于南宋的古寺。曹溪寺大殿前右侧院内有一株与元梅对植的优昙花。这株很古老的优昙岁岁吐芽，花期较长，自五月下旬一直开放到七月上旬。徐霞客游曹溪寺时，已是农历的十月下旬了，没能看到优昙开花，但曹溪寺的优昙仍给徐霞客留下了较深的印象，他在十月二十七日的日记里写道：

安宁曹溪寺大殿

这棵优昙树种在大殿前东北角二门外的山坡上，现在已被圈进修筑的围墙内，有三丈多高，一抱粗，而叶子非常大，下面有条条嫩枝从旁边生长出来。听说在六月伏天开花，花的颜色为白中略带淡黄，像莲花一样大而花瓣稍长，香气十分浓烈但不结实。

安宁温泉是云南境内最著名的温泉之一，该泉为碳酸钙镁泉，水温为42℃~45℃，水中含有多种矿物质和微量元素，是符合国家饮浴两用标准的优质地热矿泉水。早在明代嘉靖年间，安宁温泉就被贬谪云南的四川新都状元杨升庵誉为"天下第一汤"。徐霞客慕名沐浴安宁温泉后，感觉很好，他在十月二十六日的日记里写道：

浴池分布在石崖的下面，东面紧靠着崖石，西面距离螳螂川只有数十步。浴池的南面有三间房屋，北面对着浴池。浴池分为内池和外池，外池的泉水本来已经够清莹的了，内池的泉水更加清澈，沐浴的人大多在外池。内池中有石头，高低参差不齐，全部浸泡在池水中，石头的颜色好似碧玉一般，映衬得池水光艳明亮。我所见到的温泉，滇南最多，这里温泉的水质的确是第一。

5. 富民探洞

明崇祯十一年（1638年）十一月初六日，徐霞客离开昆明城前往滇西考察。十一月十日，徐霞客进入富民县境内，由于在沙朗时听说富民的河上洞很奇妙，他便决定探访一下。由于没有向导带领，徐霞客在河上洞的后山迷了路，但河上洞的后山环境幽静，道路险峻，景致很好，徐霞客被四周景观所吸引，仍然徘徊着不愿离开，他并不懊恼走了许多冤枉路，竟认为是一次愉快的经历。后来，在路人的指点下，徐霞客终于寻找到山岭北面的河上洞。

河上洞位于富民县城西南约5公里，在螳螂川北岸边，故称之为河上洞。主洞深130米，洞口宽17米，高20米，洞内平均宽15米。明万历二十二年（1594年），富民县令刘珍在洞口镌刻有"河上洞天"四个大字。1937年，我国著名考古学家斐文中和美籍华人卞美年曾在洞中发掘出一批古脊椎动物化石，更使河上洞名声斐然。

徐霞客探访了河上洞后，对河上洞的评价较高。他在十一月初十日的日记里写道：

河上洞在脊北峡谷的尽头，洞口向东，与东边的山峰相对，扼控着脚下的螳螂川。洞深陷在峡谷的底部，洞前只有中午时才能看见一缕阳光，洞中的幽暗、艰险就可想而知了。洞内的南半部拱起，显得很空旷，北半部倒卧着的巨石往外突出；卧石的上面有的地方和洞顶相连缀，有的部位和洞顶相分离；卧石的前端又耸立着一根石柱，该石柱从地底下突起，正立于洞的前部，就像从地下涌现出的一座石塔似的，这是洞内左边的概貌。从拱起的地方往里边深入，山洞幽深，顶部高达五六丈，大有回旋舒展的恢宏气势。进去约五丈，往右拐进洞的南部，再进去五丈之后，洞就往西拱起，此处异常深邃、寂静、黑暗，四周什么也分辨不清，这是洞内右边的概貌。我虽然还没有穷尽洞内的奥妙，便已经感到没有哪一个洞比得上河上洞的幽深和神奇，如果将云南各洞排列一下名次，河上洞应与清华洞、清溪洞不相上下，只可惜它地处偏远而不易被人知道。河上洞的周边十分荒凉、隐蔽，桃花流水如世外桃源，白云飘过，青苔留痕，让它自成岁月罢了。

五、徐霞客在临安、广西二府

明代的临安府府治在建水,管辖有建水州、石屏州、阿迷州(今开远)、新化州(今新平新化乡)、宁州(今华宁)、通海县、河西县(今通海河西镇)、嶍峨县(今峨山县)、新平县、蒙自县等州县以及九个长官司,幅员十分辽阔。

明代的广西府府治在今泸西,管辖有师宗州、弥勒州、维摩州(今文山州砚山县、丘北县一带)。

明崇祯十一年(1638年)六月底至八月初,徐霞客曾到临安府考察。由于《滇游日记一》的散佚,我们无法知道徐霞客在临安府考察的详细情况,但从流传下来的《游颜洞记》、《盘江考》以及散见于《徐霞客游记》内的一些叙述,我们知道徐霞客曾到通海、建水、石屏、阿迷等地考察游览。

颜洞位于建水城东约十公里的石岩山麓。相传明嘉靖年间朝廷里有个名叫阎闳的谏官,被贬谪到临安府蒙自县任县丞,他曾七游颜洞,并在洞壁上题刻"七游洞天"四个大字,因而颜洞也称阎洞。颜洞在明代就有"西南第一洞天"的称誉了。

颜洞是一片溶洞群,主要分前、中、后三洞,古人因之称为"临安三洞"。前洞又叫水云洞,泸江于此入洞,成为伏流。河水在山腹内潜流约一公里半,于中洞露头。中洞又叫云津洞,在一座巨大的山间断岩下,是一个呈漏斗状的落水洞,垂直向下可见河水由西面的石壁下冒出来,再向东面的长穴中流去。洞口石壁上有许多摩崖石刻。中洞至后洞又伏流约一公里多。后洞又称万象洞,为泸江伏流的出口。此后，泸江又东流十多公里注入燕子洞。

明崇祯十一年（1638年）八月初一日，徐霞客曾慕名考察颜洞，并写下了脍炙人口的《游颜洞记》，下面便是该游记的译文。

临安府颜洞由三个洞组成，是姓颜的一位典史所发现的，十分著名。我刚来到云南省，便时刻不忘游颜洞的事。我从省城昆明往南行，经过通海县时，游览了位于城南的秀山。上山一里半，是灏穹宫。宫前有两株巨大的山茶树，山茶后的殿名叫红云殿。灏穹宫建于万历初年，距离现在只有六十多年，但山茶树的知名度已经是滇南第一了。我又往南行到达临安府城。府城南临泸江，泸江自西南的石屏州异龙湖流淌而来，往东北穿出颜洞；全临安府的众多河流，大多是以颜洞为泄水的孔道。

通海秀山红云殿

我到城东的接待寺请了一名导游。前往颜洞的大路，应该顺着府城向南边行走，再经过泸江桥；导游却带着我从寺前与大路隔江相望的小路往东北走，这就没有渡过泸江，却看到了三股溪流汇合的地方。从接待寺的背面沿着池塘边往东行，池塘的东部全被红莲覆盖，密密麻麻的看不见水面。往东北行走了十五里，跨过赛公桥。桥下的河水从西北方向流淌而来，往东南流进泸江。又行走了五里，上到一个山坡，这里名叫金鸡哨。金鸡哨南边泸江与各股水流在此汇合，又从这里往东流入峡谷。峡谷十分狭窄，汹涌澎湃的江水往东奔流一里左右进入一个洞口。远远望去，洞顶两边的石崖犹如被刀劈开，像两扇门似的对峙着，洞直直地从门下穿过,又被重峦叠嶂的山冈包围挟持,无法看清其真面目。我请求当地人带领我进去,他们都说:"水位在涨,水流急,现在不是游洞的季节。倘若是在两个月前的枯水季节,不架桥就可以进洞了;现在就算架桥也不能入洞,更何况现在还没有桥。"洞内的桥有许多座,凡是水深的地方都架有木桥。从前,按察使来游颜洞,仅架桥的费用就要花费几百两银子,其他的费用又要几百两银子。当地人因此而苦不堪言,就乘普名胜叛乱的机会,借口说颜洞东边的出口属阿迷州,叛军曾经在那一带出没,于是来游洞的官员才绝迹了。我决心要去到洞口,当地人又说:"必须渡过泸江,到江的南岸沿着峡谷进去,也就是要走经过泸江桥的大路。"我这时才知道被导游误导了,便离开水洞,去寻找南明、万象两个陆上洞。

我从金鸡哨朝东边走下山坡,再登上山顶。往东边俯瞰,只见峡谷里的江水顺着峡谷往东流进山洞,洞口就在东边峡谷的下边。我所攀登上的这个山顶,恰好跟洞顶两边的石崖平行相对,洞口仍然被起伏的山所遮掩,只能看见陡峭的石崖向西延伸,澎湃的江水往东奔腾,而水冲洞穴、洞吞江流的壮观气势,已经一收眼底了。我往东北方向行走约三里,翻过岭脊下山。又走二里,只见东边的石壁好像旋转着耸起,就像半圆形的城墙,下面敞开着的洞口向北。我感觉地势不同寻常,便从岭上往下行走了一里到达峡谷里,又走了一里半来到东面的石壁下。再往南边行走了几步,就看见了一个十分开阔的山洞口,洞口上方镌刻有"云津洞"三个大字,这便是颜洞的中洞。游颜洞以游云津洞为最奇妙:从前洞架桥进洞,再从后洞出洞,大约四五里长,在黑暗中沿着水边而行,途中忽然有个中洞,射进了日光,洞上边又有绝壁环绕,所以形成了奇妙的景观。我没能从前洞进入水洞,却无意中从崇山峻岭间的中洞闯入,而且原来仅知道有万象洞、南明洞,而不知道还有云津洞,游云津洞可谓是意外的收获了,于是便朝着洞内而行。洞底的水自西南方向的洞穴流来,在洞门口环绕着往东流,再向东南的洞穴流去。我下到水边,估量洞的大小，估计水面有三丈宽，洞有五六丈高，而位于东西之间正当门的透亮之处，洞的直径大约二十丈。但有水从洞中穿流，一直逼近洞壁，所以不架桥就不能行走。西边的出水洞，越往里走越黑暗，不能看得很远；东边水流进的洞口，里边渐渐开阔，隔着流水眺望，但见钟乳石柱矗立，缤纷窈窕。我又往上爬出洞外，眺望洞口之上的东、南、北三面，都是悬崖峭壁围绕，无法往上攀登，只好往西面从原路出来。出来以后，向北上山，往东走一里，翻越了几个山岭，在南北两边石崖耸立的地方，就看见万象洞嵌在北边的石崖上，而导游却说在南边的石崖下。往下行走了一里，就到达南崖。有一个石洞洞口朝东，有四丈高，水从洞内奔流而出，两边的石崖像两个角一样高高耸立，在洞口前正对着峡谷。水从洞口汹涌而出又破峡而去，壮观极了，原来这是水洞的后洞。我又向东行走了二里，来到了老鼠村，拉住一个路人询问，原来万象洞就在刚才我下山的西北岭上。他说，洞很深，从高往低下洞，洞底和水洞相通。我还想前往，但天色已晚，距离住宿的旅馆还有约十里路，只好打消了念头。颜洞这三个洞，我倾慕了数十年，如今奔走万里终于来到了，却因彝人叛乱影响，大水阻隔，太阳催促，再加上导游误导，平生所经历的游览，这次是最不顺畅的了。

明崇祯十一年（1638年）八月初二日，徐霞客离开建水后到阿迷。以后，徐霞客从阿迷渡盘江经朋圃、竹园到达广西府弥勒州，途中洗沐翠微温泉。再从弥勒东行九十里，过大麻子哨，到达广西府府城。

徐霞客在广西府府城期间，游览了府城周围的秀山、伏波将军庙、万寿寺、泸源洞（今称阿庐古洞）等。他在八月初十日的日记里有或略或详的记录：

发果山就像一串圆珠子，横着排列在广西府府城的背面。它向东边延伸的一座山峰叫奇鹤峰，学宫就背托着这座山峰；它朝西边延伸的一座山峰叫铁龙峰，万寿寺就背靠着这座山峰；而广西府府城正位于这两座山峰中的回环处。府城的东北方向还有一座耸立的石山,名叫秀山。秀山上有许多突起的石头。站在秀山上,朝前可以俯瞰湖水,往后可以饱览翠色。府城的南面濒临湖水,还有三座山峰突起。东边的山叫灵龟山,山上建有广福寺;中间的山峰最小,叫文笔峰,峰顶建有塔;西边的山峰最绵长,像翠绿的屏风似的排列在那里(即翠屏山),这是广西府府城附近的山峰。秀山前面有伏波将军庙,庙中后殿供奉有伏波将军马援的塑像,前殿是广西府知府张继孟的祠堂。

新寺即万寿寺,位于发果山西南部,寺背后山石嶙峋,这样的景象是云南其他地方所没有的。新寺坐北朝南,背靠陡峭的山峰,前边远处是矣邦池,也是广西府的一大风景名胜。新寺的前面是玉皇阁,东面还有城隍庙,都在城外。

泸源洞在府城西北四里,也就是新寺后山往西的尽头,环形山坞的北面。这里有众多的山峰杂乱分布,还点缀着小石峰,酷似花瓣分开,枝条并列,还点缀着青翠色。往北绕行,再向西边转,但见泸源洞内的水从下洞涌出,泸源洞敞开在层峦叠嶂的山崖上,有三个巨大的溶洞。上洞的洞口朝向东南,洞前有亭子;下洞的洞口朝向南,在上洞西边五十步远的地方,两个洞都位于前山的南面山崖。后洞位于后山的北面山冈,洞的上部犹如眢井一样。顺着井向北走约二十步下到洞内后,洞底形成了分界的脊。一个洞往东北方向延伸下去,越走越狭小;一个洞往东南方向朝下延伸下去,越走越空阔。以上是三个洞分别不同的走向。每个洞进去都很深邃,手持着火把穿行在或狭窄或空阔的洞内,洞中的地势时起时伏,数不清的钟乳石错综复杂,无法一一考究。

六、徐霞客在姚安府

明代的姚安军民府管辖有姚州（今姚安县）、大姚县，是一个地域较狭小的府。明崇祯十一年（1638年）十二月初六日，徐霞客去滇西考察，路过大姚县境内的炉头（1956年已划入元谋县）。由于徐霞客要赶往鸡足山处理静闻和尚的遗骨，再加上随行仆人生病未痊愈，因此徐霞客的姚安府之行是行色匆匆的。

徐霞客在姚安府境内虽然忙于赶路，没有闲暇去寻幽探胜，但他仍然注意到了大姚的白塔、妙峰山德云寺，姚安的活佛寺、海子、白塔、青莲庵、古寺山等，并在日记里有简略的记录。

大姚白塔位于大姚县城西门外宝筏山顶，始建于唐天宝五年（746年），塔高15.6米，为上大下小磬锤形的实心砖塔，故俗称"磬锤塔"。为国家级重点文物保护单位，现建为白塔公园。徐霞客在明崇祯十一年（1638年）十二月初十日的日记里写道："三里，其坞自南来，有塔在坞东北山上。"

妙峰山德云寺位于大姚县城南约15公里的妙峰山后山。妙峰山主峰海拔

大姚白塔

2341米。德云寺始建于明天启六年（1626年），德云寺现存院落5个，亭、坊、池、阁交错，古木参天。寺后有泉，甘冽可口，泉水穿寺流过。德云寺现为云南省重点文物保护单位。徐霞客于明崇祯十一年（1638年）十二月初十日晚宿于德云寺，并写下了《宿妙峰山》七律一首："路织千山积翠连，穷边欲尽到天边。峰留古德诸云还在，界辟诸天月正悬。狮窟吼风随法鼓，龙泉喷玉护金莲。我来万里瞻慈筏，一榻三生岂偶然。"徐霞客还在当天的日记里写道："一里，至妙峰山德云寺。寺门西向，南望烟萝，后有梦庵亭。后五里，碧峰庵。"

活佛寺位于姚安县城北光禄镇西边的龙华山，故又名龙华寺，始建于后唐天佑年间（904~907年）。现存的活佛寺，主要建筑有大雄宝殿、两厢、碑亭、钟楼、山门等。活佛寺现为国家级重点文物保护单位。明崇祯十一年（1638

姚安龙华寺

年）十二月十二日，徐霞客游活佛寺，受到寂空和尚的热情接待，当晚他住宿在活佛寺。徐霞客在当天的日记里写道：

这天下午，寂空和尚留我住宿在后楼的东厢房。楼的背后有很深的峡谷，峡谷外是高高耸立的陡峰，庭院中种有芍药，台阶上放满了金花，环境十分优雅。墙外有一株古梅，盛开着满树的梅花，梅树下临深谷，外映重重山峦。

明代的姚安城外有很多海子，这些海子如今大多已成为农田。徐霞客路过姚安时，对姚安的海子留下了较深的印象，他在日记里写道：

白塔还在活佛寺东南后面的分支山冈上。山冈的东面有白塔海子，白塔海子南面的西山下又有阳片海子，阳片海子的东边还有子鸠海子。姚安府城南又有大坝双海子，再加上息夷村的海子，一共有五个海子。

关于姚安白塔，据《明一统志·姚安军民府·古迹》记载："白塔，在姚州北二十里，晋天福（936至943年）间建，高十五丈。西南数里有池，清洁可鉴毛发，塔影常映其中，因名塔镜。"《嘉庆重修一统志·楚雄府·寺观》记载："高陀山塔，在姚州北二十里，晋天福间建，高十有五级，碑记犹存，一名白塔。"徐霞客在十二月十二日的日记里写道："西南有海子颇大，其南有塔倚西山下，是即所谓白塔也。"遗憾的是，这座千年古塔已经不存在了。

姚安城是滇中的一座古城和军事重镇，早在唐武德四年（621年），唐王朝便在今姚安城设置姚州，管辖有姚城（今姚安县）、泸南、长明等县。在明代，姚安为姚安军民府的府城。徐霞客到姚安城后，住宿在姚安城内的青莲庵，徐霞客于明崇祯十一年（1638年）十二月十三日的日记里记录道：

姚安府东西两边都有大山环抱（东边为烟萝山，西边是金秀山），府城位于其南，北边最开阔，一直延伸二十五里，东西两边渐渐受到约束，两边都伸出支脉交错其中，如同门户一样。中间有小河，从西边镇南州界北面流来，流到府城北面被堤坝隔成湖泊，下游绕过峡谷的北口流出去，这就是青蛉川。

七、徐霞客在鹤庆府

明代的鹤庆军民府（府治在今鹤庆县城）管辖有剑川州、顺州（今永胜顺州乡）。明崇祯十二年（1639年）正月和二月，徐霞客两次在鹤庆府境内考察、游览。他考察、游览了今鹤庆县的鸡鸣寺、金龙寺、腰龙洞、青玄洞、鹤鸣庵，今剑川县的金华山、罗尤邑温泉、莽歇岭、石宝山等名胜。

明崇祯十二年（1639年）正月二十三日，徐霞客由鸡足山赴丽江，途经鹤庆府时，游览了鸡鸣寺、金龙寺、腰龙洞。关于鸡鸣寺、金龙寺、腰龙洞，徐霞客在当天的日记里都有或略或详的记录，其中对金龙寺和腰龙洞的记录详细且生动：

从南衙的背面往西边上山，用石阶镶砌的山路很宽，行走了一里半，便看见有亭子和房屋建筑在山腰。亭子和房屋的两边，桃花和李花开得很灿烂。从亭子的背后顺着石阶往上爬，便看见一座寺院，寺院的门额镌刻有"金龙寺"三个大字。门内有楼阁坐落在洞口，楼阁面对平川，后面则俯瞰着洞底，十分壮美。楼阁后便是洞门，洞和楼阁都是东向，洞门悬空镶嵌而下，与江西省石城洞非常相像。西壁的上面穹隆覆盖而下面则是空洞，南面和北面逐渐变化为环形，只有东面可以顺着石阶往下走。向下行走五丈，有一块石头冒出来正正地耸立在洞中，石头的西边特别高，而东边却削了下去，被砌为平台并建有亭子，亭子内供奉有观音菩萨塑像。亭子的东面对着层层台阶，我架木桥登上去，朝西边俯瞰洞底，只见积水环绕着洞底，水澄清映碧、光怪陆离。我急忙过桥返回台阶，又穿过桥下，顺着台阶左边往西边下行，行走了十多丈后便来到了水边。水汇积在西边的崖脚，西面宽约三丈，南北两边逐渐靠拢缩小，但三面都是绝壁环绕，旁边没有出水孔，水汇积在这里，宛若月牙抱魄。积水深浅不一，但清澈得无法形容，焕然映彩，与安宁温泉非常相像，水浅的地方浮着绿色，水深的地方沉着碧蓝。我捧了一捧水品尝，更是超乎寻常的甘甜清凉。这个洞因位于山腰，取名腰龙洞，而文人墨客替寺题额匾"金龙寺"，真是名副其实的龙宫。洞口如盂似的仰起，下面则圆如石城洞，水绕三面似缺口的玉环，石脊中盘如同垂舌。此洞与石城洞不一样的是，石城洞旁通没有底，而腰龙洞正中涵一汪水，而水又有如此奇异的光亮和晶莹，这就是一般水无法和它相比的了。我在洞内流连了很久才爬出洞口。

明崇祯十二年（1639年）二月十二日，徐霞客从丽江前往大理府考察，途经辛屯逢密村时，专程探访了鹤庆的青玄洞。徐霞客在当天的日记里这样记录：

从龙王庙的南边往西登上一座石山，有一个洞口朝东的山洞，洞的上面岩石竖立，这就是久闻大名的青玄洞。洞附近的两座庙我没有进去，我一直往西登山，走了半里路便来到了山崖下，就看见有一块倒垂下来的石头悬在洞口，把洞口一分为二，左边稍大右边稍小。有僧人利用倒垂在洞口的石头背靠石头在洞外建造房屋，又在洞的左口下围起石头作为外门。我从围起的石洞口进去，进入了左门，门很开阔，进门后往西边走，洞的正中有个佛座。佛座前偏左的洞顶有一缕光线从裂缝中射入，洞顶大约有几十丈高。佛座前的右则是向外悬的崖壁，佛座前的中间往南通到洞口偏右的地方就裂开为右门，右门稍稍偏向东南，下面石壁悬空，只可以眺望而不可以到达。本来佛座前边的石壁往外悬空形成屏障，已经使人感到该洞迂回环绕了，而它的洞口形成两道门，洞顶上有裂缝通外面，更使佛座周边明亮透彻，这是佛座前面的佳境。在佛座的后面，中间立着一块巨大的石碑，碑上镌刻有诗。从石碑后再往里面深入就必须用火把照明了。我便叫挑夫拿着火把往前走，我好仔细观看洞内的环境。只见内洞也自然形成两道门，但却与洞口相反，是右边大而左边小。我先顺着左壁攀援左边的缝隙并继续往上攀登，登上了一层崖石后，上面变得狭小,形成缝隙。我穿过了缝隙,拐弯向南,看见有一个很深的洞。我先将火把投进洞内照见了洞底,估计是个深坑,便撑着缝隙凌空而下,下去了约三丈便到达了洞底。洞底的南面,远处有微弱的光线透进来,我还以为那边通往另一个洞。再往前仔细看,原来光是从东边透进来的,才明白那里就是从右门进来的大洞。我又转从西边往里走,只见里面有小洞,而且渐渐低矮,我只好匍匐着去探索。进去几丈之后便狭窄得不能进去了,只好倒退着出来。我又顺着右崖壁而入,在崖壁的西南又寻找到了一个洞口。刚进入这个洞口,里面也比较狭小,再往前深入就逐渐开阔了,但再深入下去几丈之后,又变得越来越狭窄,就是匍匐着也不能进去了,又只好倒退着出来,就来到先前看到有光从远处透进来的那个地方。我向着明亮处往东走,边走边左顾右盼,崖石虽然弯弯曲曲延伸得很长,但却不见其他的洞。我便又回到那块巨大的石碑后抄录碑上的诗,并从前洞出来。出来时,我又将梯子悬靠在洞口的那块垂石旁抄录崖石上的诗。这时,僧人已经泡好了茶水送过来,我一饮而尽后就离开了青玄洞。青玄洞的洞口有桃花,还有一些桃花没有开放。这个洞前后分岔、幽远深邃。前面洞顶透漏掩映,后面山石层叠险峻,一个洞能兼有两种美景,而且洞外有嶙峋的崖石往上耸起,山下有如同碧玉一样的水池,也是很难见到的绝妙胜景。

  明崇祯十二年(1639年)二月十四日上午,徐霞客从山塍塘来到了剑川城。他把行李存放在北街杨贡士的家里,便由杨贡士的儿子陪同前往金华山。

  金华山为老君山的支峰,在剑川城西南约一公里的地方。山上有土主庙、老君殿、玉皇阁、望海楼等古建筑,山腰之处还有一块刻有三尊石像的巨石,当地人将这三尊刻于大理国时期的石像称为"石将军"。徐霞客饱览了山上的众多古迹,又在万松岭、桃花坞流连了很久,才由东北方向下山。他在下山的路上看见了那块被称为"石将军"的巨石,并在当天的日记里写道:"石高三丈,东面平削,镌三大天王像于上,中像更大,上齐石顶,下踏崖脚,手托一塔,左右二像少杀之，是为天王石。"当时的金华山还不像现在这样平安无事，山的深处虎豹成群，在杨公子的一再催促下，徐霞客才跟随杨公子来到山脚的罗尤邑。

罗尤邑是一个有百户人家聚居的大村落，村里有一个十分奇特的温泉，引得徐霞客惊叹不已。他在当天的日记中有这样的描述："其处有温泉，在村洼中出，每冬月则沸流如注，人争浴之，而春至则涸成污池焉。水止而不流，亦不热矣。有二池，一在路旁，一在环堵之内，今观之，与行潦无异。土人言，其水与兰州温泉彼此互出，溢于此则彼涸，溢于彼则此涸。大意东出者在秋冬，西出者在春夏，其中间隔重峦绝箐，相距八十里，而往来有时，更代不爽，此又一异也。"

二月十五日，徐霞客与北街的杨氏父子告辞，准备经由石宝山去浪穹县（今洱源县），可杨氏父子说"莽歇岭为一州胜处"。于是徐霞客"乃复一日停"，又去游了莽歇岭。莽歇岭今称满贤林，在剑川西郊约两公里的地方，山上古木苍翠、瀑飞泉流，众多古迹点缀于其间，的确是剑川的一胜境。徐霞客在岭上一个幽静的小亭内写了半天的日记，才恋恋不舍地离开。

二月十六日清晨，徐霞客由剑川城出发前往二十五公里外的石宝山。他从北面登山，游览了石宝寺（今称宝相寺），观看了附近的一个白塔，天便黑了。第二天，他从石宝寺下山继续往南行走，不久便见山上"峰头石忽涌起，如狮如象，高者成崖，卑者为级，穿门蹈瓣，觉其有异，而不知其即钟山也"。徐霞客虽然察觉这座山有奇异的地方，但由于没有当地人指点，并不知道这就是石钟山，更没有发现这里分布着许多石窟。等到他走到三公里之外的沙腿（今称沙登）村，才碰到石宝山的主

剑川满贤林

僧。僧人邀请他重游石钟山,他本想答应,但因为想尽快去到浪穹拜会何鸣凤,还想去大理府,便没有随同主僧重返石钟山,而是取道进入了浪穹。

仔细阅读徐霞客二月十七日的日记,徐霞客之所以不愿意重游石钟山,除他所说的那些客观原因外,更主要的是他并不知道石钟山有许多罕见的南诏时期的石窟。在明代,乃至以后的三百多年,石钟山石窟还没有知名度。比徐霞客早约一百年的明代大理籍学者李元阳也曾两次游览石宝山,虽然留下了一些文字,但内容重在写景,并没有探访石窟的具体描述,可见李元阳也没有认识到石窟的价值。石钟山石窟越来越有名,应是20世纪50年代以后的事了。1950年,中国著名文博专家宋伯胤对剑川石钟山石窟进行了实地考察,并把考察结果写成《记剑川石窟》一文,后来该文刊登在1957年4月的《文物参考资料》上。此后,剑川石钟山石窟才引起学术界的关注,并成为了"南国瑰宝"。

剑川石钟山石钟寺

八、徐霞客在丽江府

明代的丽江军民府,管辖有通安州(今丽江城及周边的一些地方)、宝山州(今丽江大具乡)、巨津州(今丽江巨甸镇)、兰州(今兰坪县)。

明崇祯十二年(1639年)正月二十五日,徐霞客经西哨、七河、邱塘关、三生桥等地,来到了丽江城。丽江之行是徐霞客期待已久的一次远行,徐霞客还在老家江阴时,就请好朋友陈继儒写介绍信给丽江的木增,以寻求木增的帮助;而徐霞客也是木增土知府盼望接待的一位贵宾,明崇祯十一年(1638年),徐霞客

丽江玉龙雪山

来到昆明不久，木增就派人到昆明询问徐霞客何时到丽江。

按照徐霞客的习惯，每到一个地方最重要的事就是登山探源、寻幽访古。可徐霞客一脚踏进丽江城，却鬼使神差地改变了习惯，莫名其妙地迷失了自我。海拔5596米的玉龙雪山就在他的身边，长江第一湾石鼓距他的寓所也不太远，可是他却没有去攀登玉龙雪山，也没有去探察金沙江，就连近在咫尺的许多名胜也没有去探访。徐霞客怎么了？病了？倦了？都不是！他是被彬彬有礼、热情好客的丽江人困住了，他是被传播中原文化的神圣使命留住了，他是被丽江浓郁的民族风情、丰富的历史文化迷住了。

徐霞客一到丽江，就受到丽江最高统治者木增的热情接待。汉文化造诣很高的木增土司温文儒雅、礼贤下士。他把徐霞客当成贵宾，当成"中原文脉"的代表，当成学识渊博的师长，差不多餐餐宴请，天天陪同。如正月二十九日，木增邀请徐霞客到他在解脱林的别墅，徐霞客在当天的日记里记录道："木公出二门，迎入其内室，交揖而致殷勤焉。布席地平板上，主人坐在平板下，其中极重礼也。"又如二月初一日，木增在解脱林东堂设宴款待徐霞客，徐霞客在当天的日记里记录道："己卯二月初一日，木公命大把事以家集黑香白锞十两来馈。下午，设宴解脱林东堂，下藉以松毛，以楚雄诸生许姓者陪宴，仍侑以杯缎（银杯二只，绿绉纱一匹）。大肴八十品，罗列甚遥，不能辨其孰为异味也。抵暮乃散。"一路上风餐露宿、历尽千辛万苦的徐霞客，得到木增如此高规格的招待，虽然不能说是受宠若惊，也是激动万分了。

礼贤下士的木增土知府还以弟子般的谦逊请徐霞客为他撰写的《山中逸趣》写序，又请徐霞客替他斧正、整理他编辑的《云薖淡墨集》，还拜托徐霞客替他的四公子评改文章。因此，徐霞客在丽江可谓忙得不亦乐乎。为了不耽误木增的这三件大事，不丢江南文人的脸，徐霞客只好"连宵篝灯，丙夜始寝"，即连夜挑灯工作，直到三更时才睡觉。

徐霞客对丽江的风土人情、历史文化、民族宗教也很感兴趣,他通过谈话观察、钻研志书,了解到了许多丽江的历史和现状,并在日记里有或详或略的记录。如他在二月初八日的日记里对丽江人十分害怕感染天花有这样的记录:"是方极畏出豆,每十二年逢寅,出豆一番,互相牵染,死者相继。然多避而免者。故每遇寅年,未出之人,多避之深山穷谷,不令人知。都鄙间一有染豆者,即徙之九和,绝其往来,道路为断,其禁甚严。以避而免于出者居半,然五六十岁,犹惴惴奔避。"又如他在二月初九日的日记里对丽江的民俗、姓氏、气象等有这样的记录:"其俗新正重祭天之礼。自元旦至元宵后二十日,数举方止。每一处祭后,大把事设燕燕木公。每轮一番,其家好事者费千余金,以有金壶八宝之献也。其地田亩,三年种禾一番。本年种禾,次年即种豆菜之类,第三年则停而不种。又次年,乃复种禾。其地土人皆为麽䕶国初汉人之戍此者,今皆从其俗矣。盖国初亦为军民府,而今则不复知有军也。止分官、民二姓,官姓木(初俱姓麦,自汉至国初。太祖乃易为木)。民姓和,无他姓者。其北即为古宗。古宗之北,即为吐蕃。其习俗各异云。古宗北境雨少而止有雪,绝无雷声。其人南来者,至丽郡乃闻雷,以为异。"

由于太忙碌,徐霞客在丽江期间,只能抽空看看街景。他刚到丽江的正月二十五日,在日记中有简短的几句话记录丽江城的街景和木增的官衙:"历象眠山之西南垂,居庐骈集,索坡带谷,是为丽江郡所托矣。""郡署踞其南,东向临玉河(丽江诸宅多东向,以受木气也),后幕山顶而上,所谓黄峰也,俗又称为天生寨。木氏居此二千载,宫室之丽,拟于王者。"徐霞客在丽江期间,最远的一次走动大概就是解脱林之行了。解脱林在丽江城西北十多公里白沙村后的芝山上,这里建有木氏土司的别墅,徐霞客受木增的邀请,于正月二十九日前往解脱林。他在二月初六日的日记里对解脱林有如下的描述:"解脱林倚白沙坞西界之山。其山乃雪山之南,十和后山之北,连拥与东界翠屏、象眠诸山,夹白沙为黄峰后坞者也。寺当山半,东向,以翠屏为案,乃丽江之首

丽江木府

刹,即玉龙寺在雪山者,不及也。寺门庑阶级皆极整,而中殿不宏,佛像亦不高巨,然崇饰庄严,壁宇清洁,皆他处所无。正殿之后,层台高拱,上建法云阁,八角层甍,及其宏丽,内置万历时所赐藏经焉。阁前有两庑,余寓南庑中。……闻由此而上,有拱寿台、狮子崖,以迫于校雠,俱不及登。"

徐霞客的丽江之行共十六天,二月十一日离开丽江时,木增等人前后送给徐霞客的礼物有金、银,有绸缎、红毡、丽锁,有生鸡、酥饼、荔枝、龙眼,真可谓从钱财到用品、食品样样俱全了。这些物质基础也使徐霞客以后的考察、游览能够持续下去。因此,徐霞客的丽江之行是有得有失,有收获有遗憾,但毕竟是得大于失,收获多于遗憾。他虽然无暇对丽江境内的金沙江进行实地考察,但凭着他丰富的学识、深入的了解、冷静的分析,仍然在《溯江纪源》一文里得出了一个正确的结论:岷江只是长江的一条支流,从岷江口到金沙江上游尚有数千里之遥,故长江源应比黄河源远;中国南方的长江是中国的第一大江。从而纠正了古代地理著作《禹贡》"岷山导江"的错误。

九、徐霞客在永昌府

明代的永昌军民府管辖有保山县、腾越州（今腾冲）、永平县、凤溪长官司、施甸长官司（今施甸县）、茶山长官司（今属缅甸）、潞江安抚司（今保山潞江坝）、镇道安抚司（今泸水）、杨塘安抚司（今泸水）、瓦甸安抚司（今腾冲曲石乡、界头乡），辖区十分宽广。

永昌军民府山川奇异、古迹众多、物产丰富。徐霞客于明崇祯十二年（1639年）三月二十四日进入永昌府永平县境内，以后的一百二十多天一直在永昌境内考察旅游、交朋访友，并写下了大约六万字的日记。徐霞客在永昌府的考察旅游以探索山川地貌为重点，旁及名胜古迹、历史地理、工矿物产、桥梁关隘、道路交通、民风民俗、社会风貌、商业贸易、自然气候等诸方面。

1. 山川地貌篇

永昌府境内山高谷深、河流纵横。徐霞客经过长时间的实地考察、走访求证，终于大体上弄清楚了永昌府境内的一些山川河流的源流走向，其中对澜沧江、怒江、大金沙江、枯柯河、高黎贡山等河流山系的考察订正，纠正了以前的一些史地书籍对这些河流山系的错误记载，这在中国地理学史上具有重大的贡献。

澜沧江：《明一统志》认为，赵州白崖睑（今弥渡坝子北端的红岩）的礼社江，流到楚雄府的定边县汇合澜沧江，流入元江府称为元江。而据徐霞客考察，"澜沧至定边县西所合者，乃蒙化漾濞、阳江二水，非礼社也；礼社至定边县东所合者，乃楚雄马龙、禄丰二水，非澜沧也"。"澜沧江自吐蕃嵯和哥甸南流，经丽江兰州之西，大理云龙州之东，至此山（永昌的罗岷山——引者注）下，又东南经顺宁、云州之东，南下威远（今景谷——引者注）、车里（今景洪——引者注），为挝龙江（今名九龙江——引者注），入交趾（今越南——引者注）至海。"

怒江：徐霞客经过亲自观察、辨析，认为它并没有"东与澜沧江合"，而是"独流不合"，经高黎贡山，南下芒市、木邦入海。

大金沙江（今名伊洛瓦底江）：大金沙江支流众多、异名繁杂，在从前的书籍中记载含混不清。徐霞客经过实地考察和多方求证，认为龙川江、麓川江、大金沙江是三名一江，只不过是流经的地域不同而名称不同罢了。例如在腾冲叫龙川江，在芒市西边叫麓川江，到了如今的缅甸则称之为大金沙江。

枯柯河：《明一统志》、《永昌志》等史志书籍以及明代的人都认为它是流经枯柯坝然后东下汇入澜沧江。徐霞客根据《姚关图说》，询问了枯柯河附近一位姓杨的当地人，又亲自考察了河流的走势，得出了枯柯河不是东下澜沧江，而是南入怒江的正确结论。

高黎贡山：徐霞客经过高黎贡山附近的界头村时，根据相关资料和高黎贡山的俗名以及实地观察，终于把高黎贡山这座世界名山的来去脉络清理出来了："盖高黎贡俗名昆仑冈，故又称为高仑山。其发脉自昆仑，南下至姊妹山；西南行者，滇滩关南高山；东南行者，绕小田、大塘，东至马面关，乃穹然南耸，横架半天，为雪山、为山心、为分水关；又南而抵芒市，始降而稍散，其南北之高穹者，几五百里云；由芒市达木邦，下为平坡，直达缅甸而尽于海。则信为昆仑正南之支也。"

永昌府的地热资源十分丰富，仅腾越州境内就有温泉、热泉、气泉、沸泉群落达80多处，而水温达90℃以上的就有10多处，加上保山县境内的各地温泉，永昌府的温泉多达100多处。徐霞客考察和沐浴过的温泉有金鸡温泉、蒲缥温泉、瑞滇热水塘热泉、猛连温泉、大洞温泉、硫磺塘温泉、热泉和沸泉等。

明崇祯十二年（1639年）六月十四日，徐霞客前往永昌城东北二十多里的金鸡村探访温泉。他在当天的日记里记录道：

又向东上坡，走一里后来到金鸡村。这个村子位于木鼓山的东南麓，村里住房连片，非常繁荣，村子的东边有两池温泉，从石穴中流出，一温一寒。居民把温水蓄在街道中建为水池，水池上边建有房子。又有正屋三间正对水池的南边，庭院中有两大株紫薇开得十分艳丽，前边有门，似公馆的样子。我在街上吃了酒饭，然后便在池中沐浴。池子四周用石块镶砌而成，水流不怎么大，水温也不太高，池水也不太清，还不如永平的那个温泉，但公馆有门这一点却与永平的温泉相似。

明崇祯十二年（1639年）四月二十六日，徐霞客路过腾越州瑞滇的热水塘，他在当天的日记里记录道：

此时还是下午，我遍观热水塘水流泄出的地方，感觉水流出的样子十分奇异。坞中有小溪从东边的峡谷中往西边流淌，这股水是来自于冷泉。小溪的左右，泉孔里的水随地涌出，泉孔如竹管大小，泉水从泉孔中喷涌上来，像是凸起沸腾的样子，滔滔作声，大约跃出水面有二三寸高，水热得似沸水。有许多孔从一个地方喷涌出来的，有从石坑中斜喷出来的，那水就特别热。当地人就在泉水的下游，修了一个在露天沐浴的圆池。我担心水温太高，不敢浸泡在池水里，仅蹲在池中的岩石上轻轻地搅动池水（池外就是冷泉流过，倘若把它引入池中就能沐浴了）。这是冷泉南面山坡的热泉。在它的北面紧靠着东面山坡的下方，又有几眼泉孔，有的从沙孔中流出，有的从石坑中流出，泉眼的前边也修了圆池，而且水也很热。两个圆池相望，而冒水的泉眼不下一百个。

徐霞客考察过的地热虽然很多，但重点考察的还是腾越州硫磺塘的大小"滚锅"、"蛤蟆嘴"、"热海"等。明崇祯十二年（1639年）五月初七日，徐霞客专程前往硫磺塘考察，他在当天的日记里有很详细的记录和描述：

我往西边下山约走半里，便来到了溪边，只见在东边的山崖之下有两个水塘，这是温水塘中较小一些的水塘。它的北面山崖之下，有几家人居住在那里，小溪之上还有一座小桥，这便是硫磺塘村。我向当地人打听出产硫磺的大塘所在之地，他们告诉我在南面峡谷中，于是我便从桥南的下游涉过溪水往西行走。正当我顺着西山往南行时，风雨突然而来，田埂又滑又窄，我跌跌撞撞地往南行走，半里之后才走上了小路。又向南行走了大约一里，就见西山往南迸裂开，有一道峡谷，东边有一条大河流淌着。遥望峡谷中升腾起来的雾气，散布在东西两个方向的许多地方，雾气蒸腾，如同浓烟卷雾，东边飘散到大河边，西面则纵贯山峡。我先到那靠近河边雾气很大的那个水池。水池有四五亩大，中间像锅一样的下洼，水贮存在里面，只达到水池的一半。水色浑浊发白，水从下往上翻滚腾涌，气势十分猛烈。沸腾的水泡大似弹丸，成百颗地直往上冒而且发出汩汩的声响，冒得高的水泡达一尺多，这真是难得一见的奇异景观。此时雨下得也很大，我只敢打着雨伞在水池边观看，不敢以身相试。水池东边的大河从南边往下流，顺着山向南之后又向西流入大盈江；西边峡谷中的小溪，从热水池的南边往东淌进大河。小溪里的流水也有腾腾的热气，而池里的水却停而不流，跟溪水不通连。我逆小溪向西边行走半里，坡上的烟雾更大，只见有一个石坡平平前突，东北角有一个洞穴，好像朝上张开嘴巴的上腭。洞穴的下边绾结好似喉咙，水与气一块从穴中喷发而出，就像风箱煽动火炉里的火焰一样，沸腾的水向上喷发一次，然后有短暂的停歇，就像一呼一吸一样。水跃出来的气势，风水交迫，喷射时好似抛石机发射石头，声音如同猛虎吼叫，喷出的水高数尺，落进下游的山涧里，把手伸进山涧的水中还烫得好像沸水。有时向上喷发的水被大风一吹，水便向四周喷射，人在数尺之外被水溅在身上，飞溅的水沫仍然灼痛人的脸面。我试着俯身窥视喷水的洞口,被喷射出的水逼得不敢接近。那犹如齿龈上腭的上面,就有硫磺环绕沾附在上面。它的东边几步开外,有人挖凿了一个水池引水,上边覆盖着一间小茅屋,屋中放置了一些木桶煮硝,想来有硫磺的地方,就有硝了。我又往北边爬坡约走百步,坡上的烟雾又浓了起来。环绕山崖的是一圈平坦的沙地,沙地上分布着数百个孔,沸水成丛地喷射出来,也好似有数十人在下边鼓风煽火似的。沙地的四周有水环绕,那水似乎是人工引来的,水流虽然不大,但是很热,四周的沙也是灼热的,人不能在这里站立太长的时间。温泉的上面被烟气笼罩的地方虽然还有不少,但气势却赶不上这三个地方。……此时雨仍下个不止,我看见上边有路,就翻过了西岭,我明白这是去"半个山"的山路,便冒雨往上攀登山崖。这里的山崖外观很奇特,好像云朵堆积、花瓣陈列似的,山崖高峻挺拔,耸立云空,有的下陷上连,有的旁通侧裂。人从山崖上行走,阵阵热气从下边冒出来,而整座山崖迸裂开来像削去皮肉的骨头,崩塌坠落的部分则似剥下的皮肤。这山有"半个"的称号,难道是根据这样的特征而获得的吗?

腾越州境内分布着众多的火山,喷发过的火山山顶无头(无峰),向下凹陷,形成所谓的"空山",如大空山、小空山、黑空山等。民谚云:"好个腾越州,十山九无头。"腾越州的火山以打鹰山最为典型。打鹰山海拔2614米,相对高度645米,山体底面直径12公里,顶部火山口直径300米,深度超过100米。火山口上覆盖着近20厘米的尘土和火山灰混合物,以下则是暗红色的浮石和火山弹。火山口内还有三个间隔不一的火山湖,冬季干枯,雨季积水。

明崇祯十二年(1639年)四月二十一日,徐霞客到打鹰山考察,他在当天的日记里记录了火山浮石和火山湖的有关情况:

山顶的岩石,颜色为赭红色,而质地较轻,形状和构造则如同蜂房,像是泡沫凝结而成的。这些岩石即使大到合抱,也仅用两个手指头就可以提起来,不过石质仍然很坚硬,真是劫后遗留下来的灰烬……如今各洼地虽然中间下凹,但没有积蓄一滴水。东面洼地之上，紧靠岩石形成深坑，有一塘积水，这难道是神龙离开后沧海变桑田，又布施下如此一塘水供开山者饮用吗？

永昌府境内的瀑布也较多，其中最著名的是腾越城西约两里的跌水河（今称叠水河）瀑布。大盈江从北向南贯穿腾越坝子，在流经腾越城西约两里的地段时，遇到一个巨大的断层崖。崖旁三峰突起，比肩兀立，水从左峡夺路而出，从46米高的崖头跌下深潭，然后继续奔涌向前。在这里，河水仿佛被叠为两折，故俗称叠水河瀑布。

明崇祯十二年（1639年）四月十六日，徐霞客慕名去观看跌水河瀑布，他在当天的日记里记录道：

我从大石桥西边往南上坡，不到半里，江水从左边峡谷中穿空而下，山崖深十多丈，三面石壁环抱。江水分为三条支流飞腾而下，中间的一条宽约一丈五；左边的一条宽约四尺，顺着山崖飞流；右边的一条宽约一尺五，嵌入山崖分流而去。一眼望去，中间的那一条支流犹如宽大的门帘，左边的那一条好似垂下的布匹，右边的那一条就像冲下的圆柱，气势雄伟极了。跌水河与安庄的白水河一样雄伟壮观，但此处的山崖更加迫近而狭窄，所以水流也就更猛烈。我从西边的山崖绕到南面的山崖，在与瀑布差不多一样高的地方对站着，感到飞溅的水花倒卷而下，好似玉屑、珍珠在飞舞，远远地飘洒在观看者的衣服上和脸上，仿佛白昼之间飘落的雨花雪片……

2．名胜古迹篇

永昌府境内名胜古迹众多，有太保山、卧佛寺、云峰山、宝峰山等。

太保山海拔2257米，山形如一个大斗，好似南京的钟山，保山城因坐落在它的山麓而得名，太保山现已辟为公园。公园大门有一副对联："临早登高岫，随曲径通幽，听野鸟争喧，千顷松涛响天外；倚晚迎皓月，傍花枝弄影，看星光垂地，万家灯火舞人间。"该联概括了太保山的景致。右侧山腰建有金碧辉煌的玉皇阁（明代为昆卢阁，清毁后重建改称玉皇阁）和玉佛寺。玉皇阁为三层重檐斗拱建筑，有趣的是第二层的字匾，从正面、左面、右面三个方向看各为不同的匾文，正面是"至诚无息"四个朱黄色大字；从左边看是"龙飞凤舞"四个红绿色大字；从右看是"海晏河清"四个褐红色大字。大殿外左右各有八角式钟鼓亭一座，右侧为会真楼，徐霞客到永昌时，曾长时间居住在此楼。太保山的山顶平敞，建有武侯祠；山麓建有翠微楼、四川会馆、阐化楼、状元楼等。玉皇阁现为国家级重点文物保护单位。

太保山玉皇阁

卧佛寺位于永昌城北约15公里的云岩山麓，寺始建于唐开元四年（716年），因寺内有一尊巨大的石卧佛而得名。卧佛寺松挺柏翠，水秀山青，主寺依山就洞而筑，有前后两院。有卧佛的殿原系一石洞，数丈见方。洞内石纹盘结，钟乳倒悬。洞中的石佛长约5米，通体饰金，华彩辉煌，佛身面东，一手屈枕而托头，一手平放在腿上，似睡犹醒，端庄慈祥。殿内还雕有五百罗汉。二殿内的八大金刚、四大天神和哼哈二将也都各显神采。寺前有一清池，水自寺下的石罅中涌出。

明崇祯十二年（1639年）六月十三日，徐霞客慕名游览卧佛寺并住宿在寺内，他在当天的日记里记录道：

走进山谷，我就看见有一塘水挡在卧佛寺的前边，水塘没有九隆池大，但环绕合抱更为紧凑。水塘的东面有一座亭子扼住山谷口。我从水塘北沿着水塘往前走，见水塘尽头的西边有三间官房居高临下地建筑在水塘边。靠北的那间房屋之下，有一股泉水汩汩地从山坳的石缝间流进水塘中，塘水很浅，但十分清澈。从官房的西边经过台阶上去，便是卧佛寺的门，它是向东面对着水塘。寺内高大的屋脊背靠着岩石，殿门是三道拱门，也是向着东面。拱门不使用柱子，而是用砖如拱桥一样横向砌拱，拱门外是屋檐，用瓦片覆盖在岩石上连接到洞口的上壁。山洞与拱门连成一间房子，拱门高而洞口低，拱门遮盖不了洞口，这是卧佛寺的一个奇观。这山洞高一丈多，深约两丈，宽约三丈，洞上覆盖的岩石很平滑。在西边洞的尽头，靠北边有洞口，下嵌进去；南边有个石台，台高约四尺，石台的上方剜空进去。石台似躺椅般横列在那里，而且雕凿有石像，石像弯着胳膊躺在石台上，长三丈，头向北脚朝南。此洞横处只有三丈宽，而北边一丈深嵌为内洞的洞口，南面两丈还不足以容纳石像，因此自膝部以下，就是在南面的洞壁上凿了洞穴来容纳它的脚。此像以前是天然形成的，后来，镇守永昌的宦官筑造了它的前轩，又人工雕凿后再给它刷上金粉，如今便成为一尊睡卧的佛像，不再是原来的样子了。内洞口由西北角穿过洞壁进去，洞口深凹向下，洞内逐渐变高，因为要点着火把才能深入，所以我没进去。此时拱门殿中有三四个年轻人带着酒，搂着妓女呼唤僧人，围成一个圈子在殿中饮酒。我只好离开这殿，从北厢房的楼下找到了住宿的房间，然后买米来煮饭。北厢房的西头也有一个洞，高处深处都大约是一丈五，也在洞口建了拱门，但朝向南方，在正洞的北隅，洞中供奉有山神作为护法神。这天夜里躺在寺内，月光十分明亮，遗憾的是洞中有些猥亵之徒，寺内又无一个好和尚，只好怏怏地睡了。

第二天，徐霞客找到了火把，进入了卧佛寺的内洞，他觉得此洞的奇特之处在于向南穿过像甑子一样的洞穴，一层层上到井口，而后才又走下一直深入的洞中。一个洞分为内外两重，然后又分成上下两层，最后再分为南北两重，这是非常奇特的。

云峰山位于腾越城西北约50公里的瑞滇坝西南沿。云峰山脉南北走向蜿蜒逶迤，主峰突起，形似竹笋，直插天际，海拔2450米，相对高度650米，因半山腰常有云遮雾绕，故名云峰山。云峰山上的"云梯三折"是腾越的胜景之一。宽不足一米的2685级石梯，蜿蜒曲折通达峰顶的云峰寺。云峰寺建筑在两亩见方的云峰山顶上，两侧是万丈深渊，房檐屋角半悬在空中。入天门进寺，前为吕祖殿，右为老君殿，整座寺观屹立峰顶，十分雄奇壮观。

明崇祯十二年（1639年）四月二十三日，徐霞客去尖山（即云峰山）考察，并住宿在尖山上的寺内。他在当天的日记里记录道：

山箐中树林十分浓密，如翠绿的波涛，沉浮的雾，深深向下，像是无边无际，只听见四周有许多猿猴在不停地啼叫，但人无法走到它们的身边。高耸的峰头上有一道沿着山崖凿成的石梯，就像太华山的苍龙脊。峰头两旁都是悬崖，而石脊垂在中间，宽仅有一尺左右，好似苍龙的尾巴下垂前伸。石阶顺着山脊蜿蜒而上，抬头仰望，只见石阶层层叠叠延绵不尽，看不见尽头。石梯共转了三个大弯，向上延伸大约一里才到了山顶。山顶东西长五丈，南北宽只有长的一半，中间建盖了玉皇阁，前边三开间供有白衣观音，后面三开间供奉着儒、释、道三教的圣人。山顶平坦的地方完全被殿宇占据了，它们的坐向都是面向东边那座山峰的峰尖。南北两边相夹的楼阁是侧楼，有一半悬在半空中，北楼供奉真武大帝，下临北面的峡谷，在两头悬架了卧床招待游人；南楼祭祀山神，下临南边的峡谷，在中间敞开部分设有斋堂。

宝峰山位于腾越城西约七八公里处，因游人至宝峰山有入仙境之感，故山上建有"宝峰山境"的石牌坊，又因宝峰山曾有不少名人登临过，所以宝峰山是腾越的一座名山。从前的宝峰山上有不少释、道两教的寺庙宫观，如宝峰寺、玉皇阁等，还有不少古人的石刻。明末腾越进士胡璇隐居宝峰山时写有一副赞美宝峰山的对联："行来地少天多处，坐到山高月小时。"

明崇祯十二年（1639年）四月十六日，徐霞客慕名登临宝峰山，在宝峰山上盘桓了四五天才恋恋不舍地离去。徐霞客在四月十六日的日记里记录道：

下行一里，转到殿角的右边，就是三清殿了。殿前边有空亭子三间，在亭子内可以将东边的胜景一收眼底，而它下面还有不少亭子楼阁点缀在悬崖峭壁间，隔着山箐环绕着山坡，咫尺间缥缥缈缈。三清殿西边的厢房是两个道士的居所，我安置好了行李，叫仆人守在那里，就由亭子前往东下走。路有两条，一条从右边走下险坡，一条从左边绕进山箐。我先沿着山箐往下走，走了约半里，看见右边的山崖间有一座八角亭高高地依傍在悬崖之上，有凌空欲飞的样子，那是参将府吴君（四川人，名叫苊臣）新建成以供奉纯阳祖师的地方。我由亭子的左边再往下走，沿着山箐走了半里，往南转时，抬头看见亭子之下的石崖，高约千仞，犹如刀削斧劈似的，而它的形状则像一瓣莲花，高高耸立直朝向空中。在它的南侧也有一座莲瓣似的石崖并排依附着它，这座山崖全是一整块石头，无丝毫裂纹，只有在它们互相依附着的地方才垂着一线裂缝，这条裂缝宽也只有一尺多，人们在其中凿了石阶，抬头仰视它，就像一把倒挂着的天梯。在北边似莲瓣的山崖上，写着"奠高山大川"五个大字，也是吴参将的手笔；字的下方新建了一座轩廊跨在道路中，轩廊内绘有灵官的画像。南边似莲瓣的山崖侧边，有尖石独耸，夹住石梯成为门户，尖石之下玉皇阁紧靠着它。整个腾越四周的山大多是土山，惟有这座山全是岩石，它高高地耸起在两个深箐之间，使人感觉特别新奇。玉皇阁的南边也是陡峭的山箐，无路可走，灵官轩的北面又有开凿在山崖上的石梯，石梯深嵌在交错的岩石之间。我往北朝下行走数丈，见有一座石牌坊立在石梯前，其上镌刻有"太极悬崖"四个大字。从石牌坊往北越过往东下延的山箐，再登上北边的山坡，行走一里多，就看见宝峰寺矗立在山顶，它的高处与玉皇阁相当。但玉皇阁坐西向东，宝峰寺坐北朝南，寺东的龙砂很小，当然赶不上玉皇阁处在环形山箐的中央，处在整座大山的中央。宝峰寺内很冷清，有几个尼姑住在寺中，此寺从前是摩伽陀僧人修行之处。其他地方都是佛教比道教兴盛，可宝峰山却正好相反。我走了不一会儿又下到了山箐中，登上太极崖，经过北边的莲瓣似的山崖下，从石缝中的石梯往上攀登。这石梯非常陡峭狭窄，几乎连脚掌都不能放下，还好两侧石崖紧逼束拢，可以用两手撑着山崖攀登。从这里上去八十级石阶，就到了纯阳亭之南。从这里开始，峡谷又变成了曲折的石梯，又往上经过三十多级石阶，才抵达原先到过的空亭子。

3．工矿物产篇

永昌府的物产十分丰富，有众多的矿产和奇特的食物。

徐霞客在腾越期间，重点考察了"明光六厂"的银矿区。所谓明光六厂，指的是明光、南香甸、石洞、阿幸、灰窑、雅乌，这六个地方都是明代腾越产银的矿山。徐霞客在明崇祯十二年（1639年）四月二十七日的日记里记录道：

南香甸一带有"明光六厂"之名，但明光在甸子北边约三十里，实际无厂，只是烧炭运砖，以供此厂的鼓铸冶炼。此厂在甸子中，可是出产矿石的矿坑却在东峰的最高处，过了雅乌山的北岭，马上就能看见它，它是挖掘开采的矿厂，而不是鼓铸冶炼的厂。东峰的东北有一处石洞厂，与西北的阿幸厂、东南的灰窑，一共是六个厂。各厂中只有南香甸厂的居民房屋最多。然而阿幸厂的矿石是如朱砂似的紫色的块状体，而这一带各厂的矿石都是黄色而且松散得就像泥沙一样，我想大约不如阿幸厂的矿石质地好。

明代的腾越，疆域比如今的腾冲宽广得多，很多今属缅甸的地方在明代都属于腾越州。明代的腾越州出产玉石，历史上有"玉出腾越"之说。至今仍以盛产翡翠闻名于世的"大金沙江（伊洛瓦底江——引者注）内外，三宣、六慰皆受命于朝，而腾越且兼戛鸠、蛮莫、猛拱、猛养而有之"，而"蛮莫所产，曰白玉、翠玉、黑玉……猛密所产，宝石、宝沙、碧霞玺"（《腾越州志》）。明代的永昌不但是玉石的出产地,还是玉石的集散地和加工地。徐霞客在保山期间,就有逛玉石市场购买玉石,并请人加工玉石的经历。

徐霞客在保山杨柳时,还在好友马元康的陪同下参观了玛瑙石的开采。他在明崇祯十二年(1639年)七月初六日的日记里记录道:

> 被凿裂的石崖里,有玛瑙夹杂在里面。玛瑙的颜色有白有红,都不太大,只有拳头般大小,这是玛瑙的矿脉延伸之处。顺着矿脉深入到里面,偶尔能寻找到结成瓜一样大小的玛瑙,大处如升,圆如球体,中间悬空为石矿坑,却不沾附在岩石上。石矿坑里有水养护着它,石质明亮晶莹,坚硬细密,不同于一般的矿脉,这是玛瑙的上品,不是轻易就能寻找到的。那些经常看见的、堆积着卖给人的,全是挖凿矿脉得到的。

徐霞客在七月初七日的日记里又感叹:

> 围棋子出产在云南,以永昌产的为上等!而永昌棋子的原料就是玛瑙石,由玛瑙石制成的棋子色泽柔润、晶莹透澈、冬温夏凉。

徐霞客在永昌府期间,吃到了许多他从来没有吃过的食物。如他在永昌城吃过鲜鸡㙡佐饭、九隆鱼,在永昌杨柳吃过树蛾(树蛾是一种生长在树上的菌子,菌色黄白,与木耳相比却有茎有枝,与鸡㙡相比则不是生长在土里,而是生长在树上);在腾越城吃过竹实,在腾越固东吃过香笋罐头等。这些罕见的食物,都给徐霞客留下了较深的印象。

4. 桥梁关隘篇

永昌府境内有众多的桥梁,徐霞客走过或记录过四十多座桥梁。这些桥梁有铁索桥、大石桥、大板桥、藤桥、亭桥等。

霁虹桥是澜沧江上的铁索桥,位于今永平县杉阳乡岩洞和保山市水寨乡平坡村之间。据《永昌府志》记载:早期时以舟筏,两汉时经济、外贸繁荣。遂加

"篾绳为桥，攀援而渡"。"武侯南征，支木渡军，桥始鼎建。"元朝"先不花西征，始更以巨木，题曰'霁虹'"。明代成化年间"僧了然者募建，以木为柱，以铁索横牵两岸，下无所凭，上无所倚，飘然悬空"。霁虹桥桥身总长115米，净跨56.2米，宽3.8米，由18根铁索组成（扶链2根，底链16根，以二、四、四、四、二排列，上横覆以4米长寸板）。铁索两头铆死在澜沧江两岸的桥台上，以巨大的条石倚崖筑成半圆形的桥墩，十分坚固。古代有桥亭关楼，两岸驻兵戍守，桥南岩壁有许多名人题刻。遗憾的是，1986年因澜沧江上游山体大面积滑坡，致使霁虹桥链断桥毁。现仅存南岸摩崖题刻。

明崇祯十二年（1639年）三月二十八日，徐霞客由永平县过霁虹桥进入保山。他在当天的日记里记录道：

又走一里后来到铁索桥的东头。这里的江边设了城关，用大石块砌成拱门，里面紧靠着江东面的山崖，并建有武侯祠及税局。桥的西头，拱门内的城关也如桥东一样，内侧紧靠着西边的山崖，建有楼台以纪念建桥的人，拱门的城关都建在桥的南侧，桥的北侧全是高险陡峭的石崖，无路可攀登。原来桥东西两头的山，在桥北侧的全是夹立的石崖，倒压在江面上；在桥的南侧都是陡峭的土山，并排耸立江旁，所以道路都是顺着南侧的土山崖延伸，作"之"字形上下，而桥就架在路北边土石相连接的地方。霁虹桥比北盘江上的铁索桥宽，但长度却比北盘江上的铁索桥短一些。桥下的流水浑浊，但北盘江有奔腾的形态、汹涌澎湃的气势，江水似乎很浅；澜沧江流淌着浑浊的江水，江水深不可测，但不能因为澜沧江狭窄紧束便把它与北盘江来相比。北盘江桥横在纵向铁链上的链子全是在木板下；霁虹桥则是下边既有托着木板的铁链，上面又有高高的绷子，位于中间架在两面山崖两头的柱子之间，到了桥的中心，又有倾斜下坠的铁链拉紧桥身，如织布机织布一样经纬交织，综提起经线一样。

永昌府境内，还有一些用藤条编制而成的藤桥。明崇祯十二年（1639年）四

月二十八日,徐霞客在腾越州东北的界头一带考察,过龙川江的东江时就经过了一座藤桥。他在当天的日记里记录道:

行走约一里,就看见龙川江的东江的源头向南奔腾而来。江上有一座用藤条编制而成的藤桥,桥宽约十四五丈,用三四根藤枝高高地连接在两岸的山崖上,从树梢向中间悬垂而反曲向下,在藤上还编有竹子,这样就方便脚踩,桥的两旁有长长的竹竿为护栏。一般的桥都是中央高拱,这桥却反而是中央下垂,人在桥上行走,一动脚桥就摇晃不止。必须两手抓住两旁的藤条才能慢慢地移动脚步,因此这桥只能过人,不能过牛马。

明代时,永昌军民府辖域内设有"八关九隘",以"威定边疆"。"八关"分为"上四关"和"下四关"。"上四关"即神护关、万仞关、巨石关、铜壁关;"下四关"即铁壁关、虎踞关、汉龙关、天马关。"九隘"分别是古永隘、明光隘、滇滩隘、止那隘、大塘隘、猛豹隘、坝竹隘、杉木笼隘、石婆坡隘。后来又增加了茨竹寨隘,实际便成为"十隘"。这些关隘,或雄踞高岗,或扼制要道,均凭险而立,易守难攻,并建有必备的军需设施,便于官兵常年驻守。

徐霞客在明崇祯十二年(1639年)四月十六日的日记里记录了"八关"的大体情况:

八关之外,自神护关出去是西路,通迤西,出产琥珀、碧玉;自天马关出去是南路,通孟密,有宝井;自汉龙关出去是东南路,通木邦,出产邦洋布;自铁壁关出去也是南路,通蛮莫,是去缅甸阿瓦的正道。从前蛮莫、孟密都是中国的土地,自从明万历二十二年(1594年——引者注)金腾戚设立此八关后,于是关外众多的少数民族和地盘全被阿瓦(明代时,缅甸的行政中心在阿瓦,故明代又称缅甸为阿瓦,即今曼德勒偏西南、伊洛瓦底江东岸的阿瓦——引者注)所控制了。

十、徐霞客在大理府

明代的大理府管辖有太和县（今大理市洱海以西和洱海西南）、赵州（今大理市洱海以东和洱海东南）、云南县（今祥云县）、十二关长官司（今祥云县楚场村）、邓川州（今洱源县邓川镇一带）、浪穹县（今洱源县）、宾川州、云龙州。

明崇祯十一年（1638年）十二月和次年二月，徐霞客两次进入大理府境内考察，重点考察了宾川的鸡足山，浪穹的茈碧湖，太和的蝴蝶泉、崇圣寺、清碧溪。其中两次登临鸡足山，为撰写《鸡足山志》，徐霞客有178天停留在鸡足山。

1．徐霞客泛舟茈碧湖

茈碧湖，又名宁湖，位于洱源县东北约4公里的罢谷山下，因湖中生长着珍稀的水生植物——茈碧花而得名。湖呈狭长形，南北长6公里，东西宽1~2公里，总面积8平方公里，海拔2056米，平均水深10~20米，最深处32米，主要水源为凤羽河与梅茨河，为陷落型湖泊。

明崇祯十二年（1639年）二月十八日，徐霞客途经浪穹县境，还未到县城，便见县城的东北方向有一个清澈的湖泊，这个湖泊就是驰名的茈碧湖。他在当天的日记里记录道：

我在田地里往西南方向行走，行走了约三里，又往西行走了三里，再走过一座小石桥，只见桥的西边是一大片湖水。这湖的北边与浪穹的海子相连，南边映衬着山色，而西边是耸立的城墙，湖中有一道堤为界，堤一直通往西边的浪穹城。我便沿着湖堤往西走,湖堤与杭州西湖的苏堤十分相像,虽然没有六桥花柳,但四周青山环抱、柳树婆娑,湖中的小岛如珍珠串似的点缀在其中,这又是西湖所不及的。湖中渔船往来,新长出来的嫩绿蒲草毛茸茸的,点琼飞翠,有不尽的苍茫和无边潋滟的诗意。湖名"茈碧",真可谓名副其实。我沿着湖堤往西边行走约二里,见湖中有小岛嵌在中央,岛上有上百户人家居住。岛的南部有一块巨石竿起,约六尺高,三丈长,形状犹如乌龟。岛的北部有一道迂回的山冈,约四尺高,十多丈长,东端突起似昂首的巨蛇,这就是"蛇石"。"龟"和"蛇"交错盘踞在一个岛上,这也是难得一见的景致。更奇异的是,四周有九个涌出沸泉的洞穴,而龟口向东南,蛇口向东北,都张着口喷吐沸泉,泉水在湖内交流环溢。龟石上建有一座玄武阁,因为下面环绕着九个冒沸泉的洞穴,被称为"九炁台"(今名九气台——引者注)。我顺着龟石往南走,看见龟腭中泉水沸腾外涌,龟上唇覆盖突出,却被人敲缺了。水很热,不能够洗涤。有个僧人看见我风尘仆仆、远道而来,便留我吃饭,而且还请挑夫和仆人一道吃。岛北的蛇冈之下,也新建了一座庵,我因忙着进城,没有时间遍游。

徐霞客进入浪穹城后,便忙着去拜访崇拜自己的何公巢阿。何公叫何鸣凤,他以经魁(举人的第三至第五名)的身份被任命为四川省郫县知县,后来又被提升为浙江省盐运判官。他曾经对徐霞客的朋友眉公说徐霞客是布衣之士,想探望而没能如愿。他写给眉公的诗中,有"死愧王紫芝,生愧徐霞客"的句子,表达了他对徐霞客的崇拜。徐霞客知道此事之后很是感动。如今居然在何鸣凤的家乡浪穹见到了他,两人都十分激动,"一见即把臂入林,欣然恨晚,遂留酌及更"。

第二天,热情好客的何鸣凤邀请徐霞客乘船游览茈碧湖。徐霞客在当天的日记里记录道:

上午,何君鸣凤在东关外准备了船,邀请我上船游茈碧湖,陪同我的除他之外还有他的四个儿子。船比较小，每只船只能容纳四人，两只船共乘坐了八个人，于是我们的两只船便往北边驶去。船不使用桨划，而是用长竹竿撑水。我们的船往东北方向大约行驶了三里，只见湖心有两三家渔舍，四周有断埂垂杨环绕着，何君说他打算在这个地方建盖楼房、亭台，以便饱览美丽的湖光山色。他请我替他写对联、匾额，我爽快地答应了。我们在湖上观览了许久，才慢慢地荡舟往湖的西北方向行驶。行驶了约二里之后，小船便由湖驶进了海子。湖大而水浅，海小而水深，湖名茈碧，海叫洱源。这里的东边为出洞鼻，西边是刷头村，北边乃龙王庙。三面被青山环抱，形成深窝，而海水从海中流出，往南流汇成了茈碧湖。海子的中央部位大约有数丈深，水色清莹，就像玻璃似的反射出光芒。水底有许多洞穴，冒出了一串串如同珍珠似的泉水。这些"珍珠"粒粒分明、丝丝不乱，这就是所谓"灵海耀珠"的美景。《山海经》说洱源发源于罢谷山，这里就是罢谷山。杨升庵太史的《泛湖穷洱源》遗碑埋没在山中，何君最近收购到，他打算为此碑建造一座亭子以彰显这一佳境。我们从海子的西南岸登陆，从田地里往西走。不久便来到了一座寺庵，这是护明寺的下院，何君的亲戚已经在庵中准备了丰盛的午餐。酒足饭饱之后已是下午了，我们又上船继续游湖。往西南行驶了约二里，船进入了一个小港。何君被他的姻亲家请去，他让他的两个儿子和我一起返回。

2．徐霞客抱憾蝴蝶泉

蝴蝶泉古名蛱蝶泉，位于苍山云弄峰下的绿树丛中，距大理古城约28公里。泉水从沙石中夺罅而出，聚在一个约50平方米的池塘内，池塘边砌有大理石栏杆，正中镶着郭沫若书写的"蝴蝶泉"石匾。凭栏下望，泉底是五色斑斓的鹅卵石，珍珠般的水泡不断上冒，浮上水面，致使水面上人影、水珠晃动，摇曳多姿。泉池的四周林木秀拔，其中有一棵古老的双香树横跨泉池之上。这棵双香树枝叶繁茂,其状如伞,因花的形状酷似蝴蝶,人们又称它为蝴蝶树。每逢初夏,蝴蝶树开花之时,清香四溢,招来成千上万的蝴蝶在泉边飞舞,有的还挂在蝴蝶树上相连成长串。这时,哪儿是蝴蝶,哪儿是树花,几乎难以分辨,形成蝴蝶泉边的一大奇观。现在蝴蝶泉已建成为公园,公园内有蝴蝶楼、观海亭、蝴蝶碑、水榭、亭阁、徐霞客雕像等。

大理蝴蝶泉

明崇祯十二年(1639年)三月十一日,徐霞客慕名探访蝴蝶泉,因早来了一个多月,蝴蝶树还未开花,也未见到成串的蝴蝶挂在蝴蝶树上。他感到很遗憾,在当天的日记里记录道:

往南行走了二里,经过第二条峡谷的南边,有个村庄坐落在大路的右侧,这个村庄叫做波罗村。我早就听说这个村子西边的山麓有蝴蝶泉的奇观,来到这里时,我就叫仆人、挑夫先赶去三塔寺,到在浪穹结识的好友何鸣凤寄宿的僧房内投宿。而我独自一人在当地人的指点下从村南向西直奔蝴蝶泉。我行走了约半里,见有一道淙淙流淌的泉水自西而来,我溯着流水又向西行走了半里,便抵达了山麓。只见一棵一抱粗的树紧靠山崖生长在泉边,泉水从树根东面的几个小孔里汩汩流出来,水清澈见底。大树偏东的下方,又有一棵小树,这棵小树的下面也有几眼小泉,也是冲洗着树根流出来。两处的泉水汇成了一个一丈见方的池水,这就是我刚才所溯泉水的源头了。泉边的那棵大树在四月初就开花,花的形状像蝴蝶,触须翅膀俱全,栩栩如生,与活生生的蝴蝶一模一样。开花期间,又有千万只真蝴蝶触须相连腿部相勾,从树梢倒悬而下,一直垂挂到靠近水面的地方,景致真可谓缤纷络绎、五彩纷呈。从开花的这个月始,游人便纷至沓来观看这一奇观,这一场面一直持续到五月。我还在粤西三里城时,一位姓陆的参将就对我说过这一奇观。可是我如今来到这里,因为季节还早,树没有开花。询问当地人,有人说蝴蝶就是由树上的花变的,又有人说是花的形状与蝴蝶相似,所以招引来蝴蝶,我不知道是哪一种说法正确。然而龙首关南北相距不超过数里之地,有这两种奇花(另一种

大理蝴蝶泉的徐霞客雕像

花指的是三家村的"十里香",徐霞客头一天看见它时花期已过——引者注),遗憾的是一种花已经凋谢,一种花还未开花,都不超过一个月的时间,竟没有碰到,真不凑巧,只好折了树枝、画下树叶然后上路。

徐霞客的蝴蝶泉之行意犹未尽,正巧有个路人对他说附近有一个古佛洞,并愿意带他前往。于是徐霞客便在这个好心人的带领下,探访了古佛洞。

3.徐霞客游览崇圣寺

崇圣寺俗名三塔寺,位于大理古城西北约20公里的苍山应乐峰下,始建于南诏第十主保和十年(834年)。据史料记载,崇圣寺基方七里,有三阁七楼九殿,房屋890多间,有佛像11 400多尊。大理国时曾有九个国王禅位为僧,任崇圣寺住持。在佛教盛行的大理国时期,百姓不论贫富,家家户户都有佛堂,不论男女老少都手不释数珠,因此大理国有"佛国"之称。而崇圣寺又有"佛都"之誉,所谓"南中梵刹之胜在苍山洱水,而苍山洱水之胜在崇圣一寺"。崇圣寺在清代毁于战火,仅剩寺内的三座砖塔。2005年,重建崇圣寺。重建后的崇圣寺由原有的三塔以及新建的弥勒殿、观音殿、天王殿、大雄宝殿、望海楼等组成,基

大理崇圣寺三塔

本上恢复了旧观。

　　三塔的主塔又名千寻塔,始建于南诏第十主时期(824至859年),为密檐式的方形空心砖塔,底宽9.9米,高69.13米,共十六级。塔顶有铜制覆钵,上置塔刹,造型与西安小雁塔相似,为唐代的典型塔式之一。塔基为上下两台四方形双基座,用石垒砌四壁,四周装有带石钩栏的青石板栏杆。正东起砌照壁,镌刻有"永镇山川"四字。塔身由下而上,每级的结构基本相同。每层出檐,四角稍上翘,不用柱头拱等,以轮廓线取得艺术效果。塔身通体抹白灰,好似玉笔擎天。南北两座小塔建在主塔之后,相距97.5米,与主塔均相距70米,成鼎足之势,两塔约为八角形密檐式空心砖塔,十级,各高43米。一级无塔门,无装饰。从二级起,每面有券龛,内置佛像一尊,依层装饰。顶有镏金塔刹,显得十分华丽。南北小塔建造于大理国段正严、段正兴时期(1108~1172年)。崇圣寺三塔为第一批全国重点保护文物。

明崇祯十二年（1639年）三月十一日，徐霞客第一次来到崇圣寺，夜晚与好友何鸣凤徘徊在三塔下，观赏崇圣寺的夜景。他在当天的日记里记录道：

夜里，我与何鸣凤走出寺来，徘徊在三塔周围。走累了，在桥头坐下，松荫塔影，隐约出现在雪影月色之间，令人思绪顿时安静下来。

三月十三日，徐霞客再次来到崇圣寺并住宿在寺内。三月十四日，徐霞客在日记里较详细地记录了崇圣寺：

我与何鸣凤在寺南的石匠家各选购了一小方石头后，就遍游寺内的各殿宇。这座寺院坐落在苍山第十座山峰之下，唐代开元年间建造，名叫崇圣寺。寺前的三座塔像鼎足一样矗立，中间的那座塔最高，所以如今称为三塔。塔的四周全是高耸入云的松树。寺由西边（今在东边——引者注）的山门进去，有钟楼与三塔相对，气势极其雄伟壮丽；但四面的墙壁有的已经坍塌，屋檐上的瓦片有一半已经脱落，已岌岌可危了。楼内有一口非常大的钟，直径大约有一丈多，而钟壁厚达一尺，是蒙氏时期铸造的，钟声可在八十里之外听到。钟楼后是正殿，殿后罗列着许多碑，而李中谿所刻的黄华老人书写的四块石碑都在其中。石碑的后面是雨珠观音殿，观音是用铜铸成的立像，高三丈。铸造时分为三段制成模子，肩以下铸成后铜就已经使用完了，忽然间天上降下如珠子一样的铜雨，众人一起用手将铜珠捧来熔化，恰好完成观音铜像的头部，所以有了雨珠观音这个名字。殿的左右回廊中的众神像也十分整齐，但回廊倒塌得已经不能蔽风雨了。雨珠观音殿的后边沿石阶上去是净土庵，就是方丈的住处了。前殿有三开间，佛座的后边有两块巨石，镶嵌在正中两根柱子之间的墙上。这两块巨石各有七尺见方，厚一寸左右。靠北的那一块有远山阔水的浑厚气势，其中流水波涛潆洄曲折，极尽变化的妙趣，仿佛还有一些小船停靠在烟霭绿洲之间。南边的那一块是高峰重峦嶂的雄奇景观，它那弥漫的云烟深浅不同，达到了出神入化的境界。这两块巨石与清真寺内枯梅纹的碑座，是大理石中最古老的东西。（清真寺在南门内，二门内有一座屏风般的石碑，碑座朝北的那一面上有一株梅花，倒垂飘拂在石座上。石质颜色黯淡，但树枝的痕迹却显露出了丝丝白色，它虽然无花却有绘画的意境了。）……前殿后边又有正殿，庭院中有一株白山茶，花的大小如红山茶，而且花瓣成簇也似红山茶，花还没有开完。

4．徐霞客失足清碧溪

清碧溪位于大理古城西南方向的苍山圣应峰和马龙峰之间，是苍山十八溪中风光最美的一溪，主要景观为清溪三潭。临近下潭处，光滑笔直的巨峰两相对峙，形成一个狭窄的山口，陡崖之间有飞瀑悬流倾泻，汇集成潭，面积约10平方米。攀过此崖便可见到中潭，清澈的泉水中透出细石，青碧璀璨。上潭在一个悬岩飞瀑下面，一股清澈的溪水直冲潭内，水花四溅。

明崇祯十二年（1639年）三月十二日，徐霞客与何鸣凤父子、觉宗等人从崇圣寺出发，骑马去游清碧溪。他在当天的日记里有较详细的记录：

从峡谷中往西望去，只见重重叠叠的高大山峰互相掩映。最高的一座山峰位于峡谷的后方，山峰上有积雪的痕迹，积雪高高下垂，犹如一匹白绢隔断了青山。有溪水从峡谷中往东流淌，这就是清碧溪的下游。从溪水的北边攀登上山冈，然后向西行二里，有座坟丘在左面的山冈上，那是阮尚宾的坟墓。从墓地后向西行二里，沿着陡峭的山岭登上山崖。这座山崖在溪流上方高高隆起，与对面的山崖并排而立又向前突出，就像两扇门。山崖上边高耸而下面陡峭，溪流冲破其中奔流而去。从这里开始，溪流深嵌在下方，山崖夹立在头顶上，全都狭窄倾斜，幽深窈渺。有一条小路沿着山崖的顶端，紧靠着北面的山峰向西蜿蜒。我们行走了一里多路，马就不便行走了，只好叫随行的人和我的仆人在溪边守着马和其他东西等候着我们。

我与何鸣凤父子以及两个和尚逆着溪水继续攀登，有多次涉水到溪边的南北两岸。行走了约一里，山涧边有一块巨石，两侧的山崖之上有许多陡峭的山石耸立着。往西眺望里面的门扇，双双高耸，似当中劈开一条线。后面山峰的正中有一道下垂的积雪，一条线与一道积雪互相掩映，层层叠叠，如同挂在墙壁上的条幅垂在中央，感觉十分幽雅奇异。游伴觉宗不时解下竹筐斟酒，共劝饮了三次。再往西攀登半里，溪水冲入峡谷中奔泻在岩石之间，石头的外表和质地光洁细腻，花纹色彩灿烂，很有些像烟云的形态。从这里绕着山崖往上行走了一里多，北面的山峰略微敞开，居然看到了一块高高隆起的平地。我们又向西行走半里，从那块平地往西朝下走，再次与山涧相遇。沿着涧水往西行走约半里，一直逼近夹立的石门之下，就看到水从石门中突立的石崖上下泻，有一丈多高，下面是一个清澈的水潭。水潭宽二丈多，波光晶莹映照，不觉得水深，而突立在石崖上的沟槽，被湍急的水流冲刷，高处虽然仅有一丈多，但滑腻光溜得不能落脚。当时我只顾戏水，没有注意游伴的行止，只见两个和尚已经翻越到上面的石崖上了，而何家父子正想从山涧北边往上攀登。我独自一个人在水潭边寻找往上攀登的路，却一时寻找不着。于是只好踩着峰上的沟槽往上爬，然而沟槽是水流的通道，我因石头而滑倒，与流水一道落到了水潭里。水潭里的水淹到了我的脖子，我慌忙地从水潭里挣扎着爬起来，坐在岩石上拧去衣服上的水。我攀着北边的山崖，好不容易爬到了它的上边，俯视我失足跌倒的沟槽，虽然仅有一丈多高，但它上面的沟槽水道弯弯曲曲，既陡峭又滑腻光溜，即使上到它的第一层上，那中间上上下下也没有可以踩踏之处。我们再翻越上西面的山崖，往下一望，山崖下又有一个水潭。水潭长宽各有二丈多，水色纯绿，波光闪闪、碧玉浮动，照耀在山崖峡谷之中。中午的艳阳照射在潭水里，金碧交辉、流波激荡，光怪陆离得绝伦。水潭三面的石壁围成一个窝，南北两面石门的石壁高耸云天，后面就是峡谷底的岩石，也有两三丈高，它的石脚下嵌上面前突，下边与两旁连结为一块岩石，好似剖开的半个瓦瓮，并无丝毫缝隙漏水到潭中。前突的崖石上面，如房檐覆盖在水潭上方，也没有水滴从石崖上滴落。然而，令人不解的是,水潭里总有水源源不断地向东面流淌下去,大水轰鸣着冲入沟槽水道之中,犹如天龙冲破峡谷。我在山崖的顶端俯身看到如此壮美的景致,急忙挨着山崖滑落下来。坐在水潭边的岩石上,水光山影荡去了心里的一切杂念,使人感到每一根汗毛每一个毛孔无不晶莹透彻,周身舒畅极了。我赶忙脱下湿衣服晾晒在岩石上,就着流水洗脚,背着太阳晒脊背。潭水冷得可以洗去心中的烦恼,阳光则温暖得好像披着丝绵被。何家父子也想尽办法攀着悬崖峭壁来到我这里,我们大声叫着,真是奇境。

  坐了很久以后,山崖上的太阳开始偏西,衣服也渐渐晒干了。我披上了衣服再往山崖的顶端攀登,从那上面再向西行走,渐渐地逼近了峡中的石门,石门就在水潭左边环绕的山崖之上。它的北边有下覆的石崖平架在空中,这石崖可以当做亭台楼榭来休息,前方还有一块如手掌一样的岩石,平得好像人工砌的高台。在高台上可以俯瞰清澈碧绿的水潭,但因这里险要狭窄,不能看到水潭的全貌。观赏了一会又继续往前走,我想再去游石门内的两个水潭,并且攀登上那座积雪垂挂的山峰。何家父子等人不想跟随我继续登山,也不好阻止我,只是说:"我们先下山,在马匹休息的地方等候你。"我于是转过北面山崖中垂之处,向西一直往上走。走了约一里,遇到一条从东边通往西边的山路,这条路从高高隆起的平地而来,沿着这条路向西曲折攀登,很陡峭。行走了一里多,翻过了峡谷中石门北边的山顶,再往西平行半里。这段路程之内的两侧山崖的石壁,又并排相夹高高耸起,石门内山涧上游之间,底部仍然深深下嵌。路旁北面的山崖,陡峭的石壁上没有裂痕,不能翻越到前方,有人就用石条沿着山崖架空,横架为栈道。这栈道有四五丈长,名叫阳桥,也称仙桥。桥的下边便是石门内第二个积有水的水潭,但这水潭被岩石遮挡着,看不见。走到桥北,有一长条叠垒的石阶挂在石壁上。往北攀登没多远,叠垒的石阶在北边又断了。我便凭借着岩石叠成的台阶向南下到涧底。涧底有一条小溪,像蛇一样弯弯曲曲地穿行在石块间,这便是从西边第一个水潭流淌到第二个水潭里的溪流。此时,我还不知道我已经错过了第二个水潭,仍然顺着山涧往西走。只见两旁的山崖并排相对,犹如门扇,门下又有两块巨石夹立对峙,上面又有一块岩石,就像房子一样平平地覆盖着,并堵住了后面。石房子的下面又有一潭清澈碧绿的深深的积水,只是大小不到外边水潭的一半。在它后边堵塞的石壁之上,有流水从上面的山涧里淌下来,潺潺的水声不绝于耳,水流到前边的石块间然后向东流进第二个深潭里去。我急于朝西边往上攀登,就从山涧里经过石块往上走。山涧里从这里开始已经看不到纤细的水流了。然而石块经过冲刷洗涤之后,不但没有沾染上污泥,而且更加滑腻光溜。小些的石头我踩着它走,大些的石头我攀登过去,更大的石头我就转到两块石头相夹之处翻越。从上面远眺两侧的山崖,危崖耸立、笔直相夹,雄伟壮丽极了。我又慢慢往上攀登了二里,涧里的岩石高大得如同穹隆,光滑得不能攀登,我只好从北边的山崖上转而下到山菁里。山崖的下边有一条小路,却被浓密的竹丛挡住了,我只好分开竹丛继续往前走。又行走了约二里,听见绝壁之下有人声,原来是打柴的人在下面拾枯枝,正捆好柴草准备下山。他们告诉我前边已经无路,不能再往上走了。我不相信,又拨开成丛的竹林从陡坡往西边爬,这里的竹子越来越粗壮也越来越浓密,路完全断绝了。我毫无目标地拨开竹丛,去掉头巾脱下衣服,顺手抓住身边的竹子当做绳索,又勉强穿越了一里多。脚下深谷底的山涧又盘旋着转向北边,与后面积雪下垂的山峰又隔为两层,简直无法继续往上攀登。听人说穿过清碧涧有路,可以攀登后岭到达漾濞,难道还是应该从山涧中经过那块大石块走么?

这时,已经是下午了,我饥肠辘辘急于下山,只见背负柴草的樵夫仍然在山菁中行走。我从原路返回行走了五里,经过了第一个水潭,顺水向前行观看了第二个水潭。这个水潭处于夹立的石门里边,左边石崖上就是那座阳桥高高地横在上方。我从水潭左边顺着石缝中的石梯登上了阳桥,然后翻过东岭往下走。走了四里之后，便来到了高高隆起的那块平地。这时，西涧中的水潭已经没有人影了，我赶忙往东沿着西流往下走。行走了约三里，便回到了马匹停留的地方。何家父子以及其他游伴等不得我返回，先走了，只有我的仆人还在原地守着饭等待我。我吃了饭便往东匆匆下山了。

5．徐霞客与鸡足山的生死情缘

鸡足山位于宾川西北隅，距县城约30公里，是我国的佛教名山。鸡足山东西长15公里，南北宽7公里，总面积2822公顷，主峰天柱峰海拔为3240米。鸡足山因山势前列三峰，后拖一岭，宛如鸡足而得名。

鸡足山前临苍山洱海，后靠金沙江，全山共有40座奇岭，13座险峰，34座崖壁，45个幽洞，泉潭100多处。岗岭壑涧林谷峡，构成鸡足山雄、秀、幽、奇的自然景观。鸡足山的佛教建筑始于唐，继于宋、元，盛于明、清，直至民国仍有增修。明末清初，鸡足山有大小寺42座，庵院65个，静室170多所，寺僧5000多人。鸡足山现存祝圣寺、迦叶殿、慧灯庵、金顶寺等佛教寺院。

明崇祯九年（1636年）九月，大旅行家徐霞客开始了他一生中最后一次远游。这次长达四年之久的"万里遐征"，主要目标是云南，到云南的主要目的又是游览、考察佛教名山鸡足山。

明代嘉靖、万历年间，受《白古通记》一书的影响，原名九曲山的鸡足山被认为是迦叶守衣入定处而迅速崛起，成为与峨眉山、五台山、普陀山、九华山并称的五大佛教名山。鸡足山辉煌的殿宇、鼎盛的佛事、神奇的传说、壮丽的风光被云游鸡足山的僧侣、名士传到了中原、江南。一生都"好奇耽癖"的徐霞客不满足于《明一统志》、《云南志》及诸游记对云南以及鸡足山记述的语焉不详或轻描淡写，这便诱发了他远行云南和探访鸡足山的念头。恰好江阴南街迎福寺高僧静闻和尚也以朝拜鸡足山为夙愿，"刺血写成法华经，愿供之鸡足山"，于是两人便从徐霞客的老家江阴结伴远行。之所以说徐霞客的这次"万里遐征"主要目的地是云南和云南的鸡足山，从徐霞客这次远行前的准备工作以及途中静闻病逝，徐霞客所写的《哭静闻禅侣》诗就可以看出。徐霞客远行之前，朋友陈继儒便写信给云南晋宁的唐大来和鸡足山的两个僧人弘辨、安仁，请他们关照即将来云南的徐霞客。徐霞客《哭静闻禅侣》诗六首的"有引"说："静上人与予矢志名山，来朝鸡足，万里至此，一病不痊，寄榻南宁崇善寺。分袂未几，遂成永诀。死生之痛，情见乎词。"

　　明崇祯十一年（1638年）十二月二十三日，徐霞客终于来到了朝思暮想的鸡足山，并且一待就是一个月之久。其间，徐霞客除安葬静闻、重要应酬、身体不适、遇雨等原因有七八天没有外出考察外，每日（包括大年初一）都马不停蹄地四处游走，足迹遍达全山的每个角落，并重点考察、游览了九重崖、罗汉壁、天柱峰、狮子林、旃檀岭、华首门、猢狲梯、玉龙瀑布等主要景区和景观，饱览了鸡足山多姿多彩的风光和鼎盛的佛事。在徐霞客的脚下，"林樾深雄，梯蹬险绝"的鸡足山，就像一只驯服的羔羊。其实，徐霞客在鸡足山的考察是充满艰难险阻的，有时在大山里一天巡游几十里，即使是年轻力壮的小伙子也难以吃得消；有时四周无寺庵吃不到饭，仍然忍饥挨饿地继续考察；有时畅游忘记时间，只好摸黑而返；有时寒风刺骨，"指僵"、"寒甚"仍然顶风向前；有时年轻的仆人畏险不敢攀登悬崖峭壁，徐霞客却奋勇攀缘；有时"罡风横厉，欲卷人掷向空中，余手粘足踞，幸不为舍身者，几希矣"。

　　明崇祯十二年（1639年），徐霞客应丽江土知府木增邀请编纂《鸡足山志》，又于八月二十二日登上了鸡足山，这年的徐霞客已经52岁了，"以久涉瘴地，头面四肢俱发疹块，累累丛肤理间，左耳左足，时时有蠕动状"，即患了严重的风疾，行走已不太方便了。但为了不辜负木土司的重托，编纂出一部像样的志书，他仍在山上到处考察，重览胜景，搜罗故籍。他多次登临海拔3240米的绝顶，记录了鸡足山的12座岩石、7个洞穴、9眼泉水、6个瀑布、3个龙潭、2个小池，还记录了与108个僧尼和51个贤达、山民的谈话。这一年的九月初十日，徐霞客从家乡带来的随行仆人因忍受不住长期的艰难困苦生活，卷走了徐霞客一切值钱的东西悄悄地逃走了，如此沉重的打击也没有动摇徐霞客继续留在鸡足山的决心。

关于鸡足山的得名，有两种说法：一说是佛教徒附会于古印度的鸡足山；另一说是因其"前列三峰，后拖一岭，形如鸡足"而得名。徐霞客反复察视几次后认为："绝顶自南墼望之，如展旗西立；罗汉九层之脊，则如展旗东立；自北脊望之，则如展旗南立；'后趾'之脊，则如展旗北立。此一山大势也。"科学地肯定了鸡足山以形得名的论断。可是徐霞客又不全盘接受以形得名说的观点，"人谓鸡山前伸三距，惟西支长而中、东二支俱短，非也"，认为王士性《游鸡足山记》以圣峰为中支，也是错误的，并用事实加以辩驳。

徐霞客考察鸡足山，观察之细微，感受之敏锐，是他人无法比拟的。他发现山上的人待客"初清茶，中盐茶，次蜜茶"（如今的大理三道茶就源于此）。玉龙瀑布穿云破雾，飞流直下百余丈，如"绝崖陨雪，下嵌九地，兼之霁色澄映，花光浮动，觉此身非复人间"。惊喜之余，徐霞客还写了《瀑布腾空》七律一首："三支东向谁为钥？匹练中悬万墼前。鼎足共瞻鸡在后，涛头忽见马争先。珠玑错落九天影，冰雪翻成双璧喧。我欲倒骑玉龙背，峰巅群鹤共翩翩。"华首门是鸡足山顶峰天柱峰西南的天然绝壁，笔直如刀削，下临万丈深渊，宛若崖壁上镶嵌着的一道大石门。徐霞客在日记里写道："东一里，崖势上飞，高穹如檐，覆环其下，如户阈形，其内壁立如掩扉，盖其石齿齿，皆堕而不尽，堕之余，所谓华首门也。"又写《华首重门》七律一首，赞其险奇："巍崖高巩白云端，翠壁苍屏路几盘。重阙春藏天地老，双扉昼扃日星寒。金襕浩劫还依定，锦砌当空孰为攒？何必拈花问迦叶，岩岩直作破颜看。"当徐霞客登上绝顶的四观峰时，面对着东边的日出，不禁赋诗赞道："天门遥与海门通，夜半车轮透影红。不信下方犹梦寐，反疑忘打五更钟。"观赏着飘浮在南边的祥云，不禁心遥神迷："白云本是山中物，南极祥光五色偏。蓦地兜罗成世界，一身却在玉毫巅。"寻觅到西方的苍洱，他按捺不住地吟唱："万壑同归一壑洭，银河遥点九天秋。沧桑下界何须问？直已乘槎到斗牛。"遥望着北方的玉龙，便更是诗兴大发了："北辰咫尺玉龙眠，粉碎虚空雪万年。华表不惊辽海鹤，崆峒只对藐姑仙。"意犹未尽的徐霞客又将东日、西海、南云、北雪四观的美景，用一首七律来概括："芙蓉万仞削中天，抟捖乾坤面面悬。势压东溟日半夜，天连北极雪千年。晴光西洱摇金镜，瑞色南云列彩筵。奇观尽收今古胜，帝庭呼吸独为偏。"徐霞客一气呵成写下五首诗赞美四观峰后，还对四观峰久久难忘，他在日记中感叹道：日、云、海、雪，得一已奇绝，而鸡足山一顶萃天下之四观，"此不特首鸡山，实首海内矣"。

　　徐霞客考察、游览鸡足山的同时，还对鸡足山的现状和发展提出了许多建设性的意见。他指出：鸡足山作为华夏的一个佛教圣地，制律严明、高僧辈出，但也有个别堪忧的人和事。如碧云寺北京老僧的不修边幅和沽名钓誉，迦叶殿陕西僧和多宝楼河南僧的不和睦等等。他认为这些问题均"非山门之福"，要大家克服而"不可望后尘"，以此共图名山兴旺。他还认为鸡足山的马鞍山岭位置很重要，在此建筑一座塔可以跟绝顶遥相呼应，"而独无一塔，为山中欠事"。徐霞客还对游人在鸡足山上到处乱题字刻石、放养牲畜，提出了十分尖锐的批评："华首门……天台王十岳宪副诗偈镌壁间，而倪按院大书'石状奇绝'四字，横镌而朱丹之。其效颦耶？黥面耶？在束身书'石状大奇'，在袈裟书'石状又奇'，在兜率峡口书'石状始奇'，凡四处，各换一字，山灵何罪而受此耶？"徐霞客对鸡足山爱之深，对破坏鸡足山的行为恨之切的态度，表明徐霞客已不把自己当成鸡足山的一个游客了。

前后两次登临鸡足山,并经过全方位的实地考察和认真、详细的采访记录之后,徐霞客便于九月十五日至次年正月躲进鸡足山悉檀寺潜心编纂志书。由于编纂的是第一部《鸡足山志》,没有现成的资料可录用,编撰工作之艰巨是可想而知的。后来由于劳累过度,大约撰写到第四卷时,徐霞客便病倒了。根据医生的建议,悉檀寺的弘辨方丈派出上百名僧人到鸡足山人迹罕至的深山老林寻找名贵药材。经过数日的寻找,终于挖到了一棵生长了好几十年的"孩儿参"。此参已具人形,为山中的珍稀药材,重达两斤左右,弘辨方丈每日将切成片的孩儿参用冰糖水煮给徐霞客服用。在弘辨方丈等人的精心护理下,徐霞客的病情虽略有好转,但仍然很严重。木增知道徐霞客病情十分严重且有思乡之情,便派了八个纳西族壮汉用滑竿将徐霞客从鸡足山抬送回家。徐霞客坐着滑竿辗转半年"至楚江,困甚",稍事休息之后,才从湖北黄冈乘船回到江阴老家。明崇祯十四年(1641年)正月二十七日,也就是徐霞客回到故乡的半年后,这位一生漂泊不定的大旅行家,带着没有写完《鸡足山志》的遗憾,带着再也不能出游的伤感,永远闭上了双眼。

　　徐霞客一生洋洋洒洒写下六十多万字的日记,竟有约二十五万字记录的是云南;在云南漫游了一年多,有一百七十八天停留在鸡足山,占整个云南之行的近三分之一的时间;一生之中写诗并不多的徐霞客,面对鸡足山的奇观美景,竟破例写了二十八首(现存二十一首)诗大加赞美。因此,从某种意义上说,徐霞客已经把一生当中最壮丽的部分乃至生命都献给了云南,献给了鸡足山。

　　由于徐霞客对鸡足山抱有很高的期望,而鸡足山的风光、佛事、建筑、僧人、传说更比徐霞客企盼的还要美好。徐霞客与鸡足山结有生死情缘,云南人对徐霞客也尽了东道主的殷殷盛情。但世事沧桑,云南人也有愧对徐霞客的地方,那就是凝结着徐霞客心血的《鸡足山志》没有流传至今。如今我们要了解徐霞客的《鸡足山志》,只能借助于徐霞客本人编写的、附载于《徐霞客游记·滇游日记十三》的《鸡山志目》、《鸡山志略》、《鸡山志略二》以及大错和尚、高奣映等后人编写的《鸡足山志》。如高奣映编纂于清康熙四十二年（1703年）的《鸡足山志》就对徐霞客的《鸡足山志》有很多的引述。徐霞客编纂的《鸡足山志》究竟有多少卷？有两种说法：一种认为徐霞客本人编写的《鸡山志目》清楚写明为八卷，徐霞客的好友陈函辉、钱谦益都说"三月后《志》成，凡八卷"（估计陈、钱两人并没有亲眼看见徐霞客的《鸡足山志》，只是看见了《鸡山志目》）；而另一种认为范承勋编纂的《鸡足山志》、高奣映编纂的《鸡足山志》都沿大错和尚之说，称"创稿四卷"。范、高两人或许读过不全的徐氏《鸡足山志》。故笔者认为，实际情况大概是：徐霞客原定《鸡足山志》写八卷，后来，随着健康状况的日益恶化，徐霞客只好放弃写八卷的计划，将内容删繁就简，压缩成为四卷；或者计划虽然没有改变，但由于病重返乡，只写了四卷。

徐霞客编纂《鸡足山志》的主导思想是："志图经者，有山川之一款；志山川者，又有图经之全例，不相假也。兹帙首真形，次名胜，次化宇，渐由天而人；次古德，次护法，则纯乎人矣；胜事天之余，艺苑人之余，故又次焉。此编次之大意也。"

应该特别指出的是，徐霞客编撰《鸡足山志》时，由于对鸡足山爱得太深，对鸡足山的僧人太信任，没有认真考证鸡足山是迦叶守衣入定处的传说就盲目相信。徐霞客由于深受这个传说的影响，没从根本上突破这个错误，这就使该书成为一部系统神化鸡足山的志书。这种缺陷更被后来编纂《鸡足山志》的部分学者所保留和强化。

主要参考书目

朱惠荣校注：《徐霞客游记校注》（上下） 云南人民出版社 1985年版

朱惠荣译注：《徐霞客游记全译》 贵州人民出版社 1997年版

郑祖安、蒋明宏主编：《徐霞客与山水文化》 上海文化出版社 1994年版

王树五、范祖锜主编：《中国云南徐霞客研究学术讨论会论文集》 云南人民出版社 1995年版

中国地质学会徐霞客研究分会、江阴市人民政府编：《徐霞客研究》（第十五辑） 学苑出版社 2007年版